¿Qué podría haber más importante —y emocionante— que ayudar a su hijo a comenzar una relación con Dios? *El cohete Fe* le muestra cómo instaurar la Palabra de Dios en el corazón de su hijo, guiándolo a un genuino cambio de corazón. Toda su familia se acercará más a Dios, y los unos a los otros, cuando realice estas actividades fáciles de usar durante sus próximos 90 días.

—DR. GARY SMALLEY
AUTOR DE *CHANGE YOUR HEART, CHANGE YOUR LIFE*

Transferir una fe sólida al corazón de nuestros hijos no puede subcontratarse a los profesionales espirituales de la iglesia o a nuestras escuelas cristianas. Los padres deben liderar el cambio. Ahora usted puede, con calma y confianza. *El cohete Fe* capacita a los padres para articular un entendimiento claro de la fe cristiana para sus hijos y facilita que ellos mismos se apropien de esa fe.

—DR. TIM KIMMEL
AUTOR DE *RAISING KIDS FOR TRUE GREATNESS*

Espiritualmente hablando, corremos el peligro de perder a la siguiente generación, y los padres están en la primera línea de esta batalla. Justo a tiempo, aquí llega *El cohete Fe*, una nueva manera de introducir a sus hijos a una fe auténtica. En lugar de aburrir a su familia con lecciones teóricas, use este libro para establecer lazos por medio de juegos, de discusiones y de aperitivos. Su relación crecerá, y también sus oportunidades para presentar a sus hijos al Señor.

—JOSH D. MCDOWELL
AUTOR Y CONFERENCISTA

# El cohete Fe

# El cohete Fe

**DR. JOHN TRENT Y JANE VOGEL**

CASA
CREACIÓN
A STRANG COMPANY

*El cohete Fe* por Enfoque a la Familia
Publicado por Casa Creación
Una compañía de Strang Communications
600 Rinehart Road
Lake Mary, Florida 32746
www.casacreacion.com

Traducido y editado por Belmonte Traductores
Diseño interior por Jeanne Logue
Diseño de portada por Amanda Potter

Library of Congress Control Number: 2009929193
ISBN: 978-1-59979-559-1

Impreso en los Estados Unidos de América
09 10 11 12 13 * 7 6 5 4 3 2 1

# CONTENIDO

# PARTE I

# DESPEGAR LA FE DE SU HIJO

*por John Trent, Ph.D.*

**N**unca ha estado tan nervioso en su vida.

El incesante sol de Florida centellea sobre el cristal de su reloj de pulsera al mirarlo por milésima vez. ¿No había visto ya esos números, 11:04 de la mañana, hace media hora? La historia avanza a gatas. La mitad de usted quiere acelerarla, pero la otra mitad quiere que el reloj se detenga por completo.

Su estómago se encoje de nuevo mientras mira a la distancia. Durante casi cuatro horas su hijo ha estado sentado en lo alto del objeto como de otro mundo que se eleva como si fuera un castillo blanco y metálico en el cielo azul zafiro.

Usted traga, y espera. Y espera.

Finalmente su reloj le dice que, a partir de ahora, las cosas ocurrirán más deprisa. No puede ver a la mayoría de ellos desde donde usted se encuentra. Si eso es una bendición, no lo parece.

Luego se escucha la voz a través de la megafonía. "T menos 30", dice.

La voz suena demasiado calmada. Usted sabe que la cuenta atrás acaba de alcanzar el punto sin retorno.

Su respiración se detiene, y el adormecimiento comienza en sus piernas y asciende como el humo.

"T menos 15", dice la voz.

Miles de litros de agua caen en cascada bajo la plataforma de lanzamiento para amortiguar el rugido y las ondas de choque de los motores principales.

"T menos 10."

Algo semejante a las bengalas centellea vivamente. *¿Se supone que debe pasar esto?* Usted siente temblores en su torso.

"Ahí van los motores", dice uno de los familiares a su izquierda, un hombre fornido de Alabama cuyo nombre no puede usted recordar. Él no parece estar preocupado. Usted daría un respiro de alivio, si pudiera respirar.

"T menos 9...8...7..."

En este momento no se acuerda ni de su propio nombre. Su mente está demasiado llena con la cara de su hijo, el que estaba en la foto escolar de tercer grado con el cabello despeinado.

"¡Estamos listos para que empiece el motor principal!", dice la voz desde el Control de la Misión.

En este instante, debería haber un clamor y luego una gran llamarada que cambia el agua en oleadas de vapor de manera instantánea.

Pero en su lugar hay... silencio.

No hay despegue. No se alcanzarán las estrellas.

Nada.

Los astronautas han sido vestidos para partir. El transbordador espacial y los cohetes secundarios se ven estupendamente por fuera.

Pero nadie puso combustible en los tanques, ni enlazó las computadoras, ni en realidad hizo ningún preparativo para enviar a su hijo al espacio.

Todos tenían muy buenas intenciones.

Pero hay un fallo de despegue.

★★★

Desgraciadamente, en demasiados hogares de padres que conocen y aman a Jesús, este cuadro refleja con exactitud lo que ocurre cuando los hijos crecen y están listos para "despegar" por sí solos.

Dependiendo del estudio que quiera citar, verá que entre el 50 y el 70 por ciento de los hijos de familias cristianas evangélicas no abrazarán la fe como suya cuando se vayan a la universidad.

Esto es algo trágico. En lo tocante a la transmisión de la fe, estamos perdiendo a la siguiente generación. Déjeme decirlo sin rodeos: no es culpa de las iglesias. Creo que el nivel de excelencia ministerial en las iglesias actualmente —durante las dos horas más o menos que una familia está en el edificio— ¡nunca ha sido tan alto! La música, las presentaciones de PowerPoint y los programas de niños y jóvenes están *años luz* por delante de donde estaban en el pasado; sin embargo, cada vez más jóvenes no llegan a salir nunca de la plataforma de lanzamiento cuando se trata de aceptar personalmente a Cristo y crecer en su fe.

Esta es una razón que explica el porqué. Recientemente les hice a varios cientos de padres de jóvenes en una iglesia grande tres preguntas.

1. "¿Creen ustedes que es importante legar su fe a sus hijos?" Como era de esperar, más de un 90 por ciento dijo: "¡Sí, es muy importante!".

2. "¿Creen que su hijo o hija tendrán una fe sólida cuando salgan de la universidad?" De nuevo, el 90 por ciento de los que respondieron dijeron: "¡Claro que sí!".

3. "Aparte de asistir a la iglesia, ¿qué están haciendo de manera intencional para instaurar y desarrollar una fe creciente en sus hijos?" Menos del 30 por ciento estaba haciendo *algo* a propósito para conseguir ese objetivo durante las 166 horas a la semana que sus hijos estaban en casa.

Piense en ello. Esos maravillosos, buenos y bienintencionados padres creían firmemente que debían involucrarse en el desarrollo de la fe de sus hijos; también estaban muy seguros de que sus hijos abrazarían la fe cuando se independizaran, pero cuando se trataba de preparar en realidad a sus hijos, tan sólo les estaban vistiendo y llevándoles a la iglesia; y preparándose ellos mismos para un fallo en el despegue.

*Pero esto no tiene por qué ser así en su hogar.*

Ahora es el momento de darse cuenta del impacto tan increíble que usted puede tener sobre su hijo, ayudándole a acudir a Cristo y crecer en esa relación. ¡Usted puede hacerlo! No es astronáutica ayudar a su hijo a alcanzar lo mejor de Dios para su vida. Son las pequeñas cosas, como las divertidas e increíblemente útiles actividades que aprenderá en este libro, las que le ayudarán a llenar esos tanques que llevarán a su hijo o hija hacia una fe de por vida.

## LA VENTANA DE DESPEGUE ES AHORA

Quizá haya oído las estadísticas. Los investigadores coinciden en que la mayoría de las personas que reciben a Cristo como Salvador lo hacen cuando son niños. Un estudio afirmaba que el 85 por ciento de los estadounidenses nacidos de nuevo despegaron en su fe entre las edades de 4 a 14 años; otro estudio sitúa el número en el 83 por ciento.[1] Los descubrimientos del Grupo Barna en 2004 no fueron tan extremos, con un 43 por ciento que se convierten en cristianos antes de la edad de 13 años y un 64 por ciento antes de la edad de 18.[2]

Independientemente de qué cifras sean las correctas, el mensaje para los padres parece lo suficientemente claro: ahora es el momento para que usted invierta en que su hijo reciba su fe, y el mejor lugar para que eso ocurra es en su propio hogar. De hecho, la misma encuesta Barna descubrió que la mitad de los que recibieron a Cristo a la edad de 12 años lo hicieron alentados por sus padres, con un 20 por ciento añadido de los que siguieron el ejemplo de un familiar o amigo.

Sin importar lo maravillosa que pueda ser su iglesia, los despegues de más éxito ocurren en o cerca del hogar. Eso no tiene por qué asustarle, aunque usted sea la primera generación de cristianos, como me ocurre a mí. Yo no crecí en un hogar cristiano, así que nunca vi a nadie modelar una transferencia de fe. Mi esposa, Cindy, tampoco vio una muestra de una fe activa y creciente en su hogar.

Sin embargo, nuestras dos hijas conocen y aman al Señor hoy, una terminando su carrera y la otra preparándose para comenzar la suya. Verdaderamente creemos que es porque hicimos —sin saber cómo o por qué— muchas de las cosas que encontrará usted en este libro.

¡Me hubiera gustado mucho que Cindy y yo hubiéramos tenido *El cohete Fe* cuando estábamos criando a nuestras dos preciosas hijas! Entonces nos tropezamos con muchas de las cosas que usted aprenderá en las páginas que siguen. Usted no tiene por qué tropezar, ¡estos recursos son tremendos!

Cindy y yo no "despegamos" en nuestra relación con Cristo cuando éramos niños. Nuestras propias historias demuestran que los hijos pueden aceptar al Señor cuando alcanzan la mayoría de edad o aún más tarde; por tanto, si su hijo mayor no responde a la invitación de Dios antes de la edad adulta, puede que la historia todavía esté muy lejos del final.

Sin embargo, los beneficios de seguir a Jesús comienzan en esta vida. Como usted querrá lo mejor para sus hijos, querrá que ellos comiencen a recibir esos beneficios lo antes posible. Los hijos se enfrentan a más retos hoy que nunca, y a una edad más temprana; presentarles a Cristo ahora, mientras son jóvenes, es el regalo más importante que puede darles.

También será una bendición increíble para usted. El anciano apóstol Juan dijo esto sobre sus hijos espirituales: "Nada me produce más alegría que oír que mis hijos practican la verdad" (3 Juan 4). Eso es cierto para cualquier padre de hijos mayores o crecidos que les ven tomando buenas decisiones y viviendo una vida de fe y amor por Cristo.

## TODOS NECESITAMOS UN DESPEGUE

Cuando se trata de lanzar la fe de sus hijos, la represión no es una opción, pero tampoco lo es sentarse en la acera a esperar que su hijo de algún modo lo descubra todo por sí mismo. Por tanto, ¿qué debe hacer si es nuevo en la fe; o, como Cindy y yo, no tiene mapas de ruta espirituales de su propio pasado que pueda seguir?

Simplemente podría esperar lo mejor. Como Larry.

Larry no sabía hacia dónde iba. Él y sus pasajeros habían de llegar a un restaurante llamado Stagecoach Inn, pero él no sabía cómo llegar allí. Afortunadamente, el auto nuevo de Larry tenía un GPS: Sistema de Posicionamiento Global. Pulsando un botón en el salpicadero y diciendo el nombre de su destino, él podía conseguir las direcciones en la mini pantalla. Llegaría al destino en breve, y por añadidura impresionaría también a sus pasajeros.

"Stagecoach Inn", ordenó Larry. Los demás se inclinaron hacia adelante, mirando fijamente a la pantalla.

Efectivamente, un mensaje apareció. Era el nombre de una estación de radio local, la cual procedió a poner música un tanto molesta.

Frunciendo el ceño, Larry lo intentó de nuevo. "Stagecoach Inn", repitió.

Esta vez el GPS apareció con un destino verdadero, pero desgraciadamente era un cine, y en otra ciudad diferente.

Tras unos intentos más, Larry se rindió. Encontró el restaurante de la forma tradicional: conduciendo hasta ver un letrero que dijera STAGE-COACH INN.

Las cosas fueron bien para Larry, aparte de fracasar en impresionar a sus pasajeros. Pero no saber dónde va uno cuando está lanzando un cohete —o la fe de su hijo— no es una sabia estrategia. Es una invitación a dejar la fe de su hijo en la plataforma de lanzamiento.

Entonces, ¿por dónde empezar?

Primero, tenga en mente que no estamos hablando de que su hijo diga algunas palabras que ni tan siquiera entiende o cree por completo. Por ejemplo, los padres de María parecían estar satisfechos cuando le enseñaron a hacer la "oración del pecador" cuando tenía cinco años. Su madre le abrazó, diciéndole que había sido "el mejor momento" de la vida de la niña; ¡y ciertamente parecía que así fue! Después de todo, ella había dicho las palabras "correctas".

Los padres de María debieron de haber sentido que su principal tarea estaba cumplida, y que a partir de entonces sería sólo cuestión de enviar a su hija a una escuela cristiana y a campamentos cristianos, y asegurarse de que entrara en el equipo de estudio bíblico de su iglesia.

Pero el corazón de María no estaba en ese viaje. Su interés en el cristianismo había comenzado y terminado con esa oración. Cuando entró en la adolescencia, odiaba su vida. Hoy día, le ha dado la espalda al "fundamentalismo" de su infancia, decidida a pasar el resto de sus días aprendiendo a "ser ella misma".[3]

Como lo demuestra la historia de María, el objetivo de lanzar la fe es el de cultivar una relación eterna y personal con Dios. No es tan sólo conseguir que nuestro hijo diga palabras que nos hagan relajarnos o sentirnos mejor.

Esto no quiere decir que "hacer la oración" o tener un "día de lanzamiento" específico no sea importante. El acto de creer en Jesús, queriendo el perdón de los pecados, y decirlo es un comienzo indispensable.

Pero pasar por alto el resto del plan de vuelo puede llevar a atajos que pongan en peligro a su "astronauta". Los padres que buscan sólo oír las "palabras correctas" de un niño muy pequeño pueden verse tentados a "quitarse eso de en medio" como si fuera una charla aburrida sobre los pájaros y las abejas. Puede que fallen a la hora de proporcionar a sus hijos información suficiente a medida que crecen a fin de que ellos tomen una decisión real y duradera. Para utilizar una ilustración más bíblica, puede que estén edificando una casa sobre la arena y no sobre la roca.

## LOS NERVIOS DE LA PLATAFORMA DE LANZAMIENTO

Puede que usted diga: "¿Pero no se supone que usted debería *animarme*? Ya estoy nervioso sobre este asunto del lanzamiento de la fe, y usted me está diciendo todas las cosas que pueden salir mal".

Lo siento. Si está ansioso por ayudar a su hijo a que sea cristiano, es entendible, ya que quizá piense que todo depende de usted y que, si usted "falla", la ventana de lanzamiento se cerrará de golpe y nadie será capaz de alcanzar a su hijo.

O quizá esté más preocupado por cómo podría afectar este proceso a su relación con su hijo o hija. ¿Y si su hijo le rechaza por actuar de modo "raro" cuando usted intente sacar a la luz "cosas espirituales"? ¿Y si él o ella no "le sigue" cuando le pida que tome una decisión sobre seguir a Jesús? ¿Se pondrán las cosas feas; o peor?

Veamos siete preocupaciones comunes sobre el lanzamiento de la fe a las que los padres se enfrentan, y por qué usted no tiene que sentirse agobiado por ellas.

1. *Yo no soy ningún experto en el cristianismo.* ¡Bien! Eso significa que podrá hablar con su hijo en su idioma normal, no en una jerga teológica. Si usted no entiende del todo conceptos como la Trinidad y el pecado original, relájese. *El cohete Fe* los describe de la forma más sencilla posible a fin de que usted pueda hacer lo mismo con su hijo.

2. *Mi propia relación con Dios no está demasiado bien.* Si cree lo básico —que podemos recibir perdón poniendo nuestra fe en Cristo—, está cualificado para abordar el tema con su hijo. Es importante que trate sus dudas, decepciones y tentaciones con la ayuda de un pastor u otro creyente maduro, pero no es necesario esperar a la

perfección. De hecho, hasta podría descubrir que *El cohete Fe* edifica también su propia fe.

3. *Mi hijo tiene un tiempo de atención tan corto como un chihuahua con cafeína.* ¿Tiene temor de aburrir a su hijo? Bien porque la causa sea trastorno de déficit de atención o tan sólo demasiados video-juegos, un tiempo corto de atención no tiene por qué torpedear su despegue. *El cohete Fe* contiene una amplia variedad de actividades cortas, no un montón de sermones. Puede usted llevar las cosas al ritmo de su hijo, y en pedazos pequeños.

4. *Yo no soy maestro.* Afortunadamente, *El cohete Fe* no es una clase, sino una serie de tiempos en familia, parecido a un cruce entre una tarde de juegos, un de-vocional y cocinar un pastel juntos. Usted es el líder, pero no estará de pie ante una pizarra y dando una clase lectiva. Es tan natural como pasar tiempo con su hijo para jugar con el gato, escuchar una canción en la radio o trabajar juntos en una maqueta de avión.

5. *Tengo que hacerlo solo.* Si es papá o mamá soltera, o si está casado pero su cónyuge es renuente a ayudar, puede que tenga que liderar *El cohete Fe* como un equipo de uno. No, hagamos que sea un equipo de dos: Dios sabe todo sobre su situación. Los "Tiem-pos en familia" han sido preparados teniéndolo a usted en mente; no se le pedirá que haga nada que una mamá *o* un papá no pueda hacer. Sin embargo, si realmente necesita un apoyo de carne y hueso, considere invitar a un amigo con su hijo o hija para que se una a usted en los Tiempos en familia.

6. *Mi hijo no parece estar interesado en Dios.* Si no ha hablado mucho en el pasado con su hijo sobre la fe,

meterse de lleno repentinamente en el tema podría desentonar. Puede que usted suponga que su hijo no está interesado; sin embargo, es probable que él o ella tengan preguntas y que no las hayan planteado. En lugar de saltar de cabeza a *El cohete Fe*, podría preparar a su hijo durante un par de semanas de antelación haciéndole ocasionalmente sus propias preguntas ("¿Quién crees que le dio todas esas patas al cien pies?") y mencionando su propia fe ("Me aseguraré de orar por tu examen de escritura de mañana.").

7. *Tengo miedo de hacerlo mal y de no volver a tener otra oportunidad.* La buena noticia es que hay millones de formas de hacerlo bien. Mezcle *El cohete Fe* con su personalidad, los intereses de su hijo, su horario familiar, el diseño de su casa, su aperitivo favorito. Comparta los principios con sus propias palabras, y deje que su hijo responda sin insistir en la respuesta "correcta". Cuente con que el Dios todopoderoso usará los esfuerzos imperfectos de usted: a su tiempo. Cuando se trata de la ventana de despegue, Él puede abrir mucho más que puertas.

## UN CAMINO, MUCHOS PLANES DE VUELO

El despegue de un transbordador espacial no es algo que se haga a la ligera. Encender los motores principales, por ejemplo, no es algo que se haga "poco" antes del despegue, sino que ocurre *precisamente* a los T menos 6.6 segundos.[4]

Afortunadamente para nosotros los padres, el proceso de despegue de la fe no lo gestiona la NASA. Presentar a su hijo a Cristo no está atado a un cronómetro, fórmula, técnica o lista de tareas. El único camino hacia Dios es a través de la fe en Jesús (Juan 14:6), pero hay muchas maneras de lanzar esa fe.

Los autores Craig y Janet Parshall recuerdan los distintos caminos para creer que tomaron sus hijos:

> Al mirar atrás a nuestros propios hijos, nos emociona recordar cómo invitaron a Jesucristo a entrar en sus corazones de diferentes maneras y en diferentes momentos. La mayoría de ellos fue en casa; uno fue en unas vacaciones familiares. Nuestras dos hijas respondieron directamente a nuestra propia presentación de cómo comenzar una relación con Dios; nuestro hijo mayor fue guiado al Señor por su hermana.
>
> Nuestro hijo menor, Joseph, tuvo su propia historia. Parecía muy interesado en el evangelio y escuchaba atentamente cuando una noche le explicamos el plan de salvación a la hora de acostarse. Mirando a sus ojos grandes y marrones, le hablamos del amor incondicional de Dios.
>
> ¡Cómo deseábamos que ese pequeñito conociera y experimentara a Dios! Sabíamos que lo que él estaba oyendo podría cambiar su vida para siempre, y su decisión tendría ramificaciones eternas. ¡Algo bastante grande para un niño de siete años!
>
> Su respuesta: "Quiero pensar más en ello".
>
> Para nosotros, fue un momento de angustia. De alguna manera resistimos a la tentación de obligar una confesión de fe de esa preciosa persona, y respetamos su necesidad de tomar una decisión auténtica por Cristo.
>
> A la mañana siguiente, nuestro hijo entró en la cocina, ¡y anunció rápidamente que estaba listo para invitar a Jesús a entrar en su corazón! Dios escuchó nuestros aleluyas silenciosos, aunque nuestro hijo no pudiera oírlos.[5]

Como señalan los Parshall: "Cada una de las decisiones por Cristo de nuestros hijos estuvo precedida de una lenta y coherente enseñanza sobre Jesús que ocurrió en distintos escenarios: durante viajes en el auto, en la mesa a la hora de comer, en la escuela dominical, al acostarles, y en excursiones por el campo. Descubrimos que toda la vida es una oportunidad para compartir el amor de Cristo con nuestros hijos".[6]

En otras palabras, el lanzamiento de la fe adopta muchas formas, pero la pregunta es: ¿Qué formas son las mejores para usted?

## IMPULSO DEL MOMENTO CONTRA ESTRUCTURA

Miguel y Sara están poniendo toda la carne en el asador cuando se trata de ayudar a su hijo de cinco años, Carlos, a lanzar su fe. El asador es su iglesia, y ellos esperan que la escuela dominical y la escuela bíblica de las vacaciones hagan el trabajo. Uno de estos días, esperan ellos, recibirán una llamada de uno de los profesores de Carlos diciendo que recibió a Jesús tras hacerle una invitación.

Alberto y Consuela, sin embargo, han oído mucho sobre "momentos para enseñar". Ven el valor de atisbar oportunidades espontáneas para hablar más de Dios a su hija de ocho años, Elena. El otro día, por ejemplo, Consuela encontró a Elena viendo unos dibujos animados en la tele que mostraban a un par de ángeles que bromeaban. Consuela se sentó a verlos también. Tras un rato, madre e hija hablaron sobre cómo son realmente los ángeles, y por qué la Biblia es una mejor fuente de información sobre ese tema que los programas de televisión del sábado por la mañana. Alberto y Consuela esperan a que surjan bastantes momentos de enseñanza para hablar a Elena de todo lo que necesita saber para aceptar a Cristo.

Pati y Daniel prefieren planificar con antelación. Al menos tres noches por semana hablan sobre un versículo bíblico en la cena con sus hijos, Tomás y Patricia. Hace unos meses, Pati y Daniel decidieron invitar a Tomás, de 6 años, a recibir a Jesús como Salvador. Hasta ensayaron la conversación que tendrían con él. Dieron un suspiro de alivio cuando les dijo que sí, y ya están planificando una conversación similar con Patricia, de 4 años; y están orando para que ella esté preparada.

Por tanto, ¿qué pareja está tomando el curso "correcto"?

Miguel y Sara no están equivocados por creer que uno de los maestros de Carlos pueda guiar a su hijo a Cristo, pero es difícil que sea algo seguro. Y las 120 horas por semana que ellos pasan con él aportan muchas más oportunidades que las 2 horas que él pasa en la escuela dominical y en la iglesia con los niños. Como poco, ellos son una parte importante del "equipo de despegue" de Carlos.

Alberto y Consuela son sabios por actuar según el mandamiento bíblico de "inculcárselas [estas palabras] continuamente a tus hijos. Háblales de ellas cuando estés en tu casa y cuando vayas por el camino, cuando te acuestes y cuando te levantes" (Deuteronomio 6:7). Sacar lo máximo de los momentos de enseñanza es natural y eficaz, pero pocos de nosotros confiaríamos sólo en la "serendipia" para enseñar a nuestros hijos sobre atarse los zapatos o usar un extintor de incendios. ¿Surgirán suficientes momentos de enseñanza para Elena?

Pati y Daniel conocen el valor de la planificación. No tienen miedo de apartar tiempo para hablar de temas espirituales, para asegurarse de que no se queden en la confusión. Ellos quieren convertir sus prioridades en prácticas, ya que han leído las palabras de Jesús: "Mientras sea de día, tenemos que llevar a cabo la obra del que me envió. Viene la noche cuando nadie puede trabajar" (Juan 9:4). Ellos necesitan ver y escuchar a Tomás y Patricia para asegurarse de que una estructura útil no se convierta en una jaula controladora; pero, hasta ahora, el amor incondicional ha evitado que las reglas arruinen la relación.

Cuando se trata de lanzar la fe, ¿cuál es la mejor mezcla de espontaneidad y programación? Eso depende de su familia. Si prefiere usted la primera, puede que necesite menos preparación, pero la suficiente para pensar con rapidez y responder al momento. No tendrá que interrumpir la rutina familiar, la cual ayuda a su hijo a entender que las cosas espirituales son una parte natural de la vida.

Si se siente más cómodo con una estructura, no tendrá que esperar a que se presenten solamente momentos de enseñanza, sino que puede asegurarse de cubrir los puntos más críticos; puede escoger momentos y métodos que encajen con usted y su hijo; puede pedir una respuesta específica a las buenas nuevas de Jesús, aunque la pregunta no "acabe" de surgir.

¿Cómo encuentra un equilibrio entre improvisación e intencionalidad? Ahí es donde entra *El cohete Fe*.

## LA VENTAJA DEL COHETE FE

*El cohete Fe* no es la única manera de presentar a su hijo a Jesús, claro está, pero es una buena forma de hacerlo sin presionar a su hijo, agotarse usted mismo o saturar el horario de su familia. Cada uno de los 13 "Tiempos en familia" toma de 30 a 45 minutos; son 30 a 45 minutos de unidad, no de pesadez. Usted puede usar un Tiempo en familia cada semana durante 90 días, o porciones y trozos durante un periodo más largo. Usted decide, ya que *El cohete Fe* es flexible.

El objetivo es preparar a su hijo para comenzar una relación con Dios. Usted analizará preguntas como estas:

- ¿Quién es Dios y cuáles son sus sentimientos por mí?
- ¿Quién soy yo y por qué estoy aquí?
- ¿Por qué necesitamos perdón?
- ¿Para qué es útil la Biblia?
- ¿Quién es Jesús y qué hizo por mí?
- ¿Cómo puedo unirme a la familia de Dios?
- ¿Cómo es el cielo?
- ¿Qué quiere Dios que haga yo ahora?

Ya que muchos niños reciben a Cristo como Salvador cuando tienen entre 4 y 7 años, cada "Tiempo en familia" está escrito con ese grupo de edad en mente. Pero cambiar el paso para niños entre 8 y 12 años es fácil; tan sólo use las actividades opcionales.

*El cohete Fe* le aporta muchas formas divertidas de aprender.

Tendrán que esculpir con arcilla, organizar una búsqueda de un tesoro, y hasta contar una historia con la ayuda de los muñequitos o muñecas de sus hijos. Si necesita una excusa para jugar con su hijo, ¡aquí la tiene! Y si necesita permiso para hablar sobre las cosas importantes, aquí lo tiene también.

El plan para cada Tiempo en familia es fácil de seguir. Su objetivo es claro, y los objetos que necesitará están enumerados, hasta los aperitivos que más le gusten. Para fortalecer su confianza, las cosas que usted podría decir están escritas en negrita, con las respuestas a las preguntas entre paréntesis. Y siempre tendrá la *libertad* de adaptar el plan para que encaje con usted y su hijo.

También hay una bonificación: otro impulsor de confianza. En la Parte III del libro encontrará respuestas a preguntas que su hijo podría hacer sobre Dios, la Biblia, Jesús, unirse a la familia de Dios, y muchas más. Por tanto, no tiene por qué temer si su hijo quiere saber algo que usted no sabe de memoria.

## LA GRAN PREGUNTA

¿Pero qué ocurre con la gran pregunta, la que puede que anhele hacer a su hijo, la de estar listo para recibir a Jesús? ¿Cómo encaja esta en *El cohete Fe*?

Si su hijo ya es parte de la familia de Dios, *El cohete Fe* es una forma de afirmar esa relación y de cubrir conceptos esenciales que puede que no se hayan cubierto en la escuela dominical. Si su hijo aún no ha orado para recibir a Jesús, los Tiempos en familia contienen varias oportunidades para hacerlo. No hay una confrontación de tipo hacerlo o morir, sino una serie de invitaciones discretas para aceptar el ofrecimiento amoroso de Dios de perdón y amistad.

Los padres se ponen nerviosos en cuanto a hacer la invitación, temiendo que no la expresarán bien o que sus hijos responderán con un no. Pero como señala Mindy Stoms, una de las directoras del ministerio de niños de Willow Creek Community Church:

"Una simple frase hace que un niño se llene de gozo: ¡Estás invitado!".

¿Por qué? Porque es personal. "Han sido seleccionados, han sido incluidos, alguien les quiere, han oído lo maravillosa que puede ser una fiesta, y ahora la verdadera persona que está organizando toda esa maravilla ha dicho: 'Esto te incluye a ti'".[7]

Mindy no duda en invitar a los niños a entrar en una relación personal con Jesús. "Para muchos niños, este es un paso muy natural en su viaje espiritual. Cuando oyen que el mismo Jesús sobre el que tanto han aprendido ahora quiere ser su amigo para siempre, quiere quitar el castigo por los pecados que han cometido y quiere ayudarlos en todas las cosas que afrontan en sus vidas, y finalmente quiere vivir con ellos para siempre en el cielo, no es sorprendente que muchos digan '¡SÍ!'".[8]

¿Cómo debería usted presentar esta invitación? Aquí tiene algunos buenos consejos:

- Cuando parezca que sus hijos entienden los puntos básicos de lo que Jesús ha hecho por ellos, simplemente pregunte algo como: "¿Quieres orar y pedirle a Dios que te perdone y te haga su hijo ahora mismo?". Usar la frase "ahora mismo" facilita que usted pueda volver a preguntarles más adelante si aún no están listos…

- Si está preocupado por si su hijo ha "hecho la oración" sin entender toda la teología, recuerde que los niños sólo necesitan entender los puntos principales. Ser perdonado y convertirse en cristiano no es como firmar un contrato en el que uno debe tener cuidado de leer bien toda la letra pequeña. Es el comienzo de una relación de amor, un fundamento sobre el que sus hijos pueden edificar durante el resto de sus vidas.

- Si sus hijos no aceptan a Jesús exactamente de la
misma forma o en el mismo entorno que usted
había imaginado, intente no preocuparse ni desi-
lusionarse. No hay una sola manera "correcta"
de acudir a Jesús. Puede ocurrir con usted, en la
iglesia o en la escuela dominical, con un amigo,
cuando los niños están pensando a solas... en
cualquier lugar. Puede ser emotivo o prosaico.
Dios quiere una relación única con cada persona,
y cada relación comienza de su propia manera.[9]

## ¿FALLO EN EL DESPEGUE?

¿Pero qué ocurre si su hijo *no* responde? ¿Significa que *El cohete Fe* ha fallado?

Claro que no. Usted habrá colocado un fundamento sobre el cual sus futuros esfuerzos —o los de otra persona— podrán asentarse. Si su hijo no parece aceptar la invitación, aquí tiene cinco cosas a tener en mente.

1. *Que no cunda el pánico.* Puede que la respuesta de
un niño parezca obvia, pero la de otro puede que sea
difícil de detectar. Pongamos el caso de unos gemelos
idénticos de cuatro años de edad que oyen las buenas
nuevas de Jesús de su papá un día estando los tres
tumbados en la cama grande de sus padres. En ese instante uno de los niños oró, pidiendo a Jesús que fuese
su Salvador. Meses más tarde, al no oír nada sobre el
tema del otro niño, el padre le preguntó durante un
viaje en el auto si él también quería hacer una oración
similar. "Ya lo hice", dijo el niño rotundamente, con-
siderándolo claramente como un asunto privado.

2. *Mantenga la puerta abierta.* Puede que se sienta
decepcionado o ansioso si su hijo no reacciona
como usted hubiera querido, pero no deje que eso

se interponga entre los dos. Siga divirtiéndose y amando a su hijo sin reservas. No retire su aprobación esperando que así "se deje convencer". Vuelva a hacer la invitación de vez en cuando si quiere, pero no deje que se convierta en algo molesto; y recuerde que si su hijo cree que es molesto, es que lo es.

3. *Siga enseñando y haciendo preguntas.* Cuanto más sepa su hijo sobre Dios, Jesús, la Biblia y el cielo, más razones tendrá para aceptar la invitación. No hay necesidad de posponer hablar de cosas espirituales hasta que se haya hecho "la gran decisión". Siga haciendo preguntas, también, sobre cómo su hijo ve a Dios para estimar su progreso en el camino del peregrino.

4. *Observe y oiga señales de interés y crecimiento.* "Por sus frutos los conocerán" (Mateo 7:16). ¿Está su hijo este año más dispuesto a ayudar en casa que el año pasado? ¿Se preocupa cuando su hermano está enfermo o herido? ¿Está interesada su hija en hacerse amiga de la niña nueva en la escuela que se queda sola, o en oír la historia de David y Goliat, o en poner una moneda en el cesto de la ofrenda, o en llevar una rama de palmera en el Domingo de Ramos? Muestre agradecimiento por los actos que puedan fluir de una fe en desarrollo, aunque su hijo todavía no haya articulado esa fe con palabras.

5. *Ore.* Si su hijo estuviera realmente en el transbordador espacial, esperando un despegue que parecía que nunca iba a llegar, ¿no es eso exactamente lo que usted haría? Su Padre celestial quiere tener también esa relación con su hijo. Pídale que ayude a su hijo a entender y aceptar el amor que Él ofrece. No se rinda. Dios no se rindió con usted, ¿no es cierto?

## COMIENZA LA CUENTA ATRÁS

La respuesta le corresponde a su hijo. Sin embargo, primero tiene que darle algo a lo cual responder. *El cohete Fe* está listo para ayudarle a hacer precisamente eso.

Recuerde dónde comenzamos. Sencillamente, en la actualidad no es opcional sólo vestir a su hijo con "ropa de iglesia" y esperar que él descubra todo mientras usted está ocupado con otras cosas. Sí, requiere un esfuerzo, ¡pero qué privilegio tan increíble estar en el "equipo de despegue" de su hijo!

El Señor está a su lado con todo el poder que usted necesita. Este libro —y muchos otros recursos sobre afianzar la fe en casa, disponibles a través de Enfoque a la Familia y de ministerios como el nuestro en www.strongfamilies.com— puede ayudarle en cada paso del proceso.

Creemos en usted, oramos pidiendo lo mejor de Dios para su vida, y estamos emocionados con que vaya usted a comenzar *El cohete Fe.* Es muy divertido, ¡y puede ser muy útil para llenar esos cohetes secundarios con el amor y la luz de Dios para su hijo!

¡Disfrute del vuelo!

# PARTE II

# TIEMPOS EN FAMILIA CON EL COHETE FE

*por Jane Vogel*

## TIEMPO EN FAMILIA 1

# UN DIOS, INVISIBLE

**CONTROL DE MISIÓN:**
**Hacia donde se dirige**

Usted ayudará a su hijo a descubrir que Dios es un espíritu: el único Dios, el Creador y fuente de todo.

**CUENTA ATRÁS:**
**Prepararse**

¿Qué podría ser más emocionante que despegar y guiar a su hijo en una relación con Dios? Pero si usted es como la mayoría de nosotros, verá que la perspectiva es algo desalentadora también. ¿Por dónde empieza? ¿Qué dice? ¿Cómo presenta a su hijo a Alguien al que ni siquiera puede ver?

En Tiempo en familia 1, comenzamos donde comienza la Bíblia: con el relato de la Creación. Qué mejor principio que darle a su hijo la noción del poder y la grandeza de Dios, ¡e inculcar deleite en la obra de Dios! Y usamos una imagen que Jesús mismo nos dio para ayudarnos a entender a Dios como un espíritu: el viento que se mueve pero que no podemos ver (Juan 3:5-8).

Prepárese para su tiempo con su hijo leyendo todo el plan, y especialmente orando por la presencia y la guía del Espíritu Santo.

## 1. DESPEGUE:
### Comienzo

*Lo que necesita:*
- *un globo inflado*
- *cinta adhesiva (opcional)*

Siéntese en la mesa de la cocina, enfrente de su hijo. Juegue a un juego soplando un globo inflado a lo largo de la mesa hasta que le llegue a su hijo. Ahora deje que él o ella soplen el globo de vuelta hasta usted. A ver cuántas veces pueden pasarse el globo el uno al otro.

Si quiere, marque una "línea de meta" con la cinta adhesiva y cuente los "touchdowns". Puede jugar a este juego con todos los miembros de la familia que haya disponibles soplando el globo alrededor de la mesa.

Pregunte: **¿Qué hizo que el globo** (o las bolas de algodón como se describen en el Plan de vuelo alternativo) **se moviera?** (Sus soplidos.)

**¿Pudieron ver su soplido?** (Los niños más pequeños quizá digan que pudieron ver su soplido, porque no necesariamente distinguen entre su soplido y la acción que causó. Ayúdeles a ver la diferencia haciendo preguntas como: "¿De qué color es el soplido? ¿Cómo es de grande? ¿Puedes verlo o es invisible?".)

**Si no pueden ver su soplido, ¿cómo saben que es real?** (Saben que es real porque pueden ver lo que hace: mover el globo o las bolas de algodón.)

## PLAN DE VUELO ALTERNATIVO:
### Opciones para edades de 8 a 12 años

*Lo que necesita:*
- *bolas de algodón*
- *cinta adhesiva*
- *temporizador*

Los niños mayores disfrutarán un juego más rápido y más competitivo. Haga una línea divisoria en el centro de la mesa con la cinta adhesiva y coloque un puñado de bolas de algodón a cada lado de la línea. Sitúe el temporizador en dos minutos. El objetivo es soplar sus bolas de algodón hasta el lado de la mesa de la otra persona. El que tenga menos bolas de algodón en su lado cuando suene el temporizador, gana. Si están jugando más de dos miembros de la familia, puede hacer equipos o dividir la mesa en tercios, cuartos y así.

## 2. EXPLORACIÓN:
### Descubrir la verdad

*Lo que necesita:*
- *una Biblia*
- *un CD o casete de música instrumental (sin palabras)*

Dígale a su hijo que juntos van a aprender sobre Alguien que es invisible, pero que definitivamente es real.

Lea en voz alta Juan 4:24a, señalando las palabras a su hijo si es capaz de leer. Explique que "Dios es espíritu" significa que Dios no tiene un cuerpo, y no podemos verlo; pero, aun así, podemos saber que Dios es real, porque vemos lo que hace, al igual que su hijo pudo ver lo que hizo su soplido cuando sopló el globo o las bolas de algodón.

Pregunte a su hijo o hija si conoce algo que Dios haya hecho.

No tiene que presionar ninguna respuesta, tan sólo use la pregunta como una forma de descubrir lo que sabe su hijo sobre Dios. Luego abra su Biblia en Génesis 1 y lea en voz alta el versículo 1.

Ponga en marcha el CD de música instrumental. Explique que van a realizar algunos movimientos divertidos con la música y que van a representar una historia real. Usted dará instrucciones, y su hijo tiene que estar listo para "congelarse" en la posición en que esté cuando usted dé la orden. Si su hijo quiere que usted se mueva junto con él, ¡siéntase libre!

Usando lo siguiente como una guía, parafrasee Génesis 1:1-2:2 y aporte instrucciones. No se preocupe si no usa exactamente las mismas palabras; las suyas estarán bien.

**En el principio, Dios creó los cielos y la tierra. La tierra no tenía ninguna forma, estaba vacía y era oscura. Cierren sus ojos y muévanse despacio. ¡Imaginen cómo sería si todo estuviera muy, muy oscuro!**

**En el día 1, Dios dijo: "¡Que exista la luz!". ¡Y hubo luz! ¡Abran sus ojos y congélense! ¡Qué diferencia tan grande cuando hay luz! Dios vio que la luz era buena. Dios llamó a la luz "día", y llamó a la oscuridad "noche". ¡Ahora se pueden mover de nuevo!**

**En el día 2, Dios dijo: "Que exista el firmamento". ¡Y eso es exactamente lo que ocurrió! ¡Háganse todo lo grandes que puedan y muévanse con los movimientos más grandes que puedan! Dios llamó al firmamento "cielo". Estírense hacia el cielo, ¡y congélense! ¡Ahora descongélense!**

**En el día 3, Dios dijo: "Que aparezca lo seco". ¡Y eso es exactamente lo que ocurrió! Dios llamó a lo seco "tierra". Y él llamó a las aguas "mar". Imaginen que son una ola en el mar. ¿Cómo se moverían? Sean una ola… ¡ahora congélense! Dios vio que la tierra y el mar eran buenos. ¡Ya se pueden mover! Luego Dios dijo: "Que la tierra produzca plantas: árboles y flores y todo tipo de vegetación". ¡Y eso es exactamente lo**

que ocurrió! Imaginen que son plantas creciendo de la tierra. ¿Cómo serían de altos? ¡Crezcan, y crezcan y crezcan y…congélense! Dios vio que era bueno. ¡Ahora descongélense!

En el día 4, Dios dijo: "Que haya luces en el firmamento del cielo". ¡Y eso es exactamente lo que ocurrió! Dios hizo el sol, y la luna y las estrellas. ¡Muévanse como si fueran estrellas brillando en el cielo! ¡Ahora congélense! Dios vio que era bueno. ¡Ya se pueden mover!

En el día 5, Dios dijo: "Que rebosen de seres vivientes las aguas". ¡Y eso es exactamente lo que ocurrió! Imaginen que son peces. ¡Ahora pulpos! [Añada las criaturas del mar que sus hijos conozcan.] ¡Ahora congélense! ¡Está bien, descongélense! Dios dijo: "Que vuelen las aves sobre la tierra a lo largo del firmamento". ¡Y eso es exactamente lo que ocurrió! Imaginen que son un pajarito que está aprendiendo a volar. Ahora se están haciendo cada vez más fuertes.

### PLAN DE VUELO ALTERNATIVO:
#### Opción para las edades de 8 a 12 años

*Lo que necesita:*
- *Biblias*
- *trozos de papel numerados del 1 al 7*

Los más mayores puede que disfruten explorando el relato de la creación a través del movimiento también, pero probablemente no querrán moverse al son de la música con usted. En su lugar, juegue a una versión de charada. Tomen turnos para dibujar en un trozo de papel numerado y leer en silencio de la Biblia sobre lo que Dios creó en ese día. Mientras el actor escenifica la charada, quien adivine puede buscar en Génesis 1 pistas para saber qué día está representando.

¡Ahora imaginen que son un pájaro fuerte y bonito que puede volar rápido! ¡Ahora congélense! Dios vio que era bueno. ¡Ya se pueden mover!

En el día 6, Dios dijo: "Que produzca la tierra todo tipo de animales". ¡Y eso es exactamente lo que ocurrió! Imaginen que son elefantes. ¿Qué tal si ahora son monos? [Añada animales que sus hijos conozcan y les gusten.] **¡Ahora congélense!** Por último, Dios dijo: "Hagamos a la gente". Y creó Dios un hombre y una mujer y dijo: "Tengan hijos y cuiden de este mundo que yo he creado". Imaginen que están cuidando de su animal favorito. ¡Ahora congélense! Dios vio todo lo que había hecho, y vio que era muy bueno. ¡Descongélense!

El día 7, Dios había terminado la obra que había estado haciendo. Así que el séptimo día descansó. ¡Ustedes también pueden descansar!

### 3. REENTRADA:
#### Hacer entender la verdad

Repita el punto principal que quiere que su hijo entienda. **Dios es espíritu, así que no podemos verlo; pero podemos saber que Él es real porque podemos ver lo que ha hecho.**

Tomen turnos para nombrar cosas que Dios ha hecho. Si el clima lo permite, salgan fuera, o al menos miren por una ventana. Con los niños pequeños, refuerce el punto diciendo cada vez: **Dios hizo \_\_\_\_\_.** Con otros niños más mayores, puede convertir esto en un juego de "Veo veo" o hacer turnos para nombrar algunas de las cosas que más le gusta de la creación de Dios.

### 4. AMERIZAJE:
#### Aplicar lo que han aprendido

Recuérdele a su hijo que, en el día 6 de la creación, Dios le dio a la gente la tarea de cuidar de todo lo que Él había hecho.

Juntos, escojan una manera en que usted y sus hijos puedan mostrar especial cuidado por parte de la creación de Dios. Lo que escojan dependerá de la edad de su hijo y la situación que estén viviendo. Los más pequeños harán mejor una sola acción que puedan emprender enseguida. Estos son algunos ejemplos:

- cepillar o comprobar la comida y la bebida de una mascota de la casa
- regar una planta de la casa o un árbol de la calle
- esparcir alpiste o trozos de pan para los pájaros

Los más mayores probablemente hayan oído suficiente sobre ecología como para pensar en alguna forma de servir como administradores de la creación de Dios. Algunos ejemplos:

- poner en marcha o mantener un proyecto familiar de reciclaje
- elegir una forma de reducir el consumo de energía como familia (bombillas de bajo consumo, ajustar el termostato, apagar un lector de CD cuando salgan de la habitación)
- recoger basura de una sección de un parque, preservar el bosque, o los caminos.

 ## APERITIVO ESPACIAL

*Lo que necesita:*
- *comida de la "Creación" (ver debajo)*

¿Desea concluir con un refrigerio? Pruebe con un aperitivo que le recuerde a su hijo la creación de Dios, como galletas de animales, un "sistema solar" hecho de "planetas" de fruta (una naranja, una uva, una fresa, un melocotón, etc.) o versiones de "gominolas" de algunas de las criaturas de Dios (peces, gusanos, insectos y osos).

# ¿QUIÉN TE AMA?

### CONTROL DE MISIÓN:
**Hacia donde se dirige**

Usted ayudará a su hijo a entender que Dios es tres personas: Padre, Hijo y Espíritu Santo. Él es también bueno, santo, justo, y está interesado en cada uno de nosotros.

### CUENTA ATRÁS:
`00:00:01`
**Prepararse**

En Tiempos en familia 1 usted ayudó a su hijo a entender que Dios es un espíritu; pero Dios no es un poder abstracto, como la Fuerza en *La guerra de las galaxias*. Él es personal, y se deleita mostrándonos su amor.

No podemos hablar bíblicamente sobre Dios sin hablar acerca de la Trinidad, un Dios en tres personas: Padre, Hijo y Espíritu Santo. Quizá haya oído lecciones con objetos que intentan explicar cómo "funciona" la Trinidad, comparando a Dios con el agua en las formas de líquido, vapor y hielo; o las tres partes de una manzana. No es esa dirección hacia donde vamos en este Tiempo en familia. Algo es cierto, y es que sus hijos piensan de forma concreta; hasta que no alcanzan la adolescencia, la mayoría no son capaces de procesar ideas abstractas en esas lecciones con objetos, y algunas de esas lecciones tienden a despersonalizar a Dios.

El teólogo Cornelius Plantinga, Jr., en su libro *A Sure Thing*

(Faith Alive, 1986), ofrece una analogía que la mayoría de los niños pueden entender: una familia. "Piense en tres personas de una familia. Se parecen bastante... Además, se conocen entre ellos profundamente y se aman. Comparten recuerdos, experiencias, esperanzas y planes. Si alguien o algo (como un atracador o un tornado) les amenaza, se disponen a hacer frente juntos a esa amenaza. Son tres personas, pero una unidad familiar" (p. 23).

Ninguna analogía humana puede realmente "explicar" a Dios. Su objetivo en este tiempo familiar es simplemente ayudar a su hijo a descubrir y recibir la forma en que la Biblia habla de Dios como Padre, Hijo y Espíritu Santo.

## 1. DESPEGUE:
### Comienzo

*Lo que necesita:*
- *bolsas de regalo o envoltorio de regalo*
- *pequeños regalitos*

Muéstrele a su hijo los regalos que ha reunido, y déjele que elija uno. Póngalo en una bolsa de regalo o envuélvalo; etiquételo claramente con el nombre de su hijo o hija.

Juntos, seleccionen regalos para otros miembros de la familia. Tras envolver o meter en la bolsa y etiquetar los regalos, póngalos a un lado. Explique que los abrirán más tarde. Primero pensarán en regalos y lo que éstos tienen que ver con Dios.

## PLAN DE VUELO ALTERNATIVO:
### Opciones para edades de 8 a 12 años

A los niños pequeños quizá les guste envolver y desenvolver regalos, pero los niños mayores necesitan un elemento de sorpresa. En lugar de dejarles ver las opciones, aporte una bolsa "misteriosa" de cositas; pregunte sus preferencias pero que la decisión final sea una sorpresa.

Dependiendo de los regalitos que consiga, sus preguntas podrían ser: **¿Preferirían algo para jugar o algo para comer? ¿Algo dulce o algo salado? ¿Duro o blando?** Los niños se divertirán intentando adivinar qué regalito podría encajar en esas descripciones.

## 2. EXPLORACIÓN:
### Descubrir la verdad

*Lo que necesita:*
- *una Biblia*
- *platos*
- *arcilla o masa para modelar*

Junto a su hijo, use la arcilla o masa para modelar algo rico de comer: lo que a su hijo le resulte delicioso. Póngalo en un plato, y luego moldee algo repugnante como serpientes e insectos, y póngalos en el otro plato.

Abra la Biblia en Lucas 11:11-13. Explique que leerá algo que dijo Jesús. Lea de una versión para niños (*The Message* tiene una visión muy viva de este pasaje) o parafraséelo en sus propias palabras. Use sus esculturas para ilustrarlo.

Pregunte:

**¿Qué clase de mamá o papá les daría** [cualquiera que sea la comida que su hijo haya esculpido] **para comer?**

¿Qué clase de mamá o papá les daría serpientes e insectos para comer?

¿A qué clase de mamá o papá se parece Dios más?

Explique que la Biblia nos habla mucho sobre cómo Dios es como un padre. Nos habla sobre Dios Padre, y sobre Jesús, que es el Hijo de Dios. También nos habla sobre Dios Espíritu Santo. Aunque la Biblia nos habla sobre las tres personas de Dios, las tres son sólo un único Dios; algo parecido al modo en que una familia está compuesta de diferentes personas.

## PLAN DE VUELO ALTERNATIVO:
### Opciones para edades de 8 a 12 años

Con niños mayores, puede emplear algo más de tiempo hablando sobre el concepto de la Trinidad. Hágales releer Lucas 11:11-13 e identifique dónde aparece cada persona de la Trinidad. (Jesús se menciona en el pasaje porque es quien está hablando: ver versículos 1 y 2.)

Rete a sus hijos mayores a identificar las tres personas en el relato del bautismo de Jesús (Lucas 3:21-22); haga que lean sobre el bautismo en el nombre del Padre, del Hijo y del Espíritu Santo en Mateo 28:19.

## 3. REENTRADA:
### Hacer entender la verdad

*Lo que necesita*
- *arcilla o masa de modelar*

Ayude a su hijo a enfocarse en las verdades importantes sobre las que han hablado diciendo algo como esto:

**Quiero que recuerden que Dios es *bueno*, como una buena mamá o papá. Así que voy a hacer un corazón para acordarme**

**de esto.** Haga la forma de un corazón con la arcilla o masa e invite a su hijo a moldear una también.

**También quiero que recuerden que Dios *nos cuida*. Él quiere darnos cosas buenas. Voy a hacer mi propia forma, porque Dios cuida de mí. Ustedes pueden hacer su propia forma también, ¡porque Dios cuida de ustedes!**

**Recordemos también que hay *un sólo Dios* y la Biblia habla de Él en *tres personas*: Padre, Hijo y Espíritu Santo. Voy a hacer un 1 y un 3 para acordarme de esto. ¿Lo hacen ustedes?**

Cuando hayan terminado de modelar, señale cada una de las formas y pida a su hijo que le diga qué le recuerdan las formas que hizo.

## PLAN DE VUELO ALTERNATIVO:
### Opciones para edades de 8 a 12 años

En lugar de decirles a los niños más mayores qué formas hacer, diga las verdades principales que le gustaría que recordaran, y pídales que modelen algo que les recuerde esas verdades.

## 4. AMERIZAJE:
### Aplicar lo que han aprendido

*Lo que necesita:*
- *los regalos del paso "Despegue"*

Abran los regalos que envolvió anteriormente y disfrútenlos. Mientras lo hacen, hablen sobre cómo se sienten al recibir regalos, y cómo quisieran responder a alguien que les diera un regalo.

Pida a sus hijos que piensen en lo que les gustaría decirle a Dios sobre las cosas buenas que Él da. Luego oren juntos.

**APERITIVO ESPACIAL**

*Lo que necesita:*
- *bolsa preparada de aperitivos*

¿Desea concluir con un refrigerio? Si los regalitos que están abriendo no son comestibles, traiga una bolsa ya preparada de aperitivos y deje que sus hijos escojan —sin mirar en la bolsa— dos para usted y dos para cada uno de ellos.

## TIEMPO EN FAMILIA 3

# CREADO POR UNA RAZÓN

### CONTROL DE MISIÓN:
### Hacia donde se dirige

Le presentará a su hijo la idea de que somos seres espirituales, hechos a imagen de Dios, amados por Él y creados para ser parte de su familia.

### CUENTA ATRÁS:
### Prepararse

Esta vez ayudará a su hijo a ver que, debido a que estamos hechos a imagen de Dios, nosotros también somos criaturas espirituales. Dios nos hizo para reflejar quién es Él y para responder en amor a Él y a otras personas.

Se podría decir mucho sobre lo que significa ser creado a la imagen de Dios. Si tiene hijos más mayores, quizá quiera explorar las bases bíblicas para la clásica definición de la imagen de Dios como "verdadero conocimiento, justicia y santidad", pero si eso es más de lo que usted y su hijo están listos para absorber, no se preocupe por ello. Vivir como lo que fuimos creados —portadores de la imagen de Dios— es un proceso de por vida.

Para hoy, ¡es suficiente con que señale a su hijo en la dirección correcta!

## 1. DESPEGUE:
### Comienzo

Jueguen al juego del "Espejo". Sitúese frente a su hijo y muévase lentamente, haciendo que su hijo copie sus movimientos como si fuera su imagen en un espejo.

Tras un rato, cambien los papeles para que su hijo inicie ahora los movimientos y usted haga la parte del espejo. Puede hacer esto con toda su familia a la vez, o bien en parejas o con un líder y múltiples "espejos".

Luego pregunte: **Cuando hacían de espejo en este juego, ¿de qué forma eran como yo? ¿De qué forma eran diferentes a mí?**

## PLAN DE VUELO ALTERNATIVO:
### Opciones para edades de 8 a 12 años

Puede exponer a los niños más mayores a algún vocabulario importante de la Biblia enseñándoles luego la frase: "la imagen de Dios". Introduzca la palabra "imagen" diciendo algo como esto: **Cuando se miran en un espejo, ven su reflejo. Otra palabra para un reflejo en un espejo es** *imagen*. **Cuando ustedes eran mi imagen en este juego, ¿en qué sentido eran como yo? ¿De qué forma eran diferentes?**

## 2. EXPLORACIÓN:
### Descubrir la verdad

*Lo que necesita:*
- *una Biblia*
- *un globo (o bolas de algodón, si eso es lo que usó en Tiempo en familia 1)*

- *arcilla o masa moldeada con forma de corazón*
- *un espejo de mano*

Dígale a su hijo que juntos van a aprender sobre ser un espejo (o imagen) de Dios. Lea Génesis 1:27 y explique que Dios hizo a la gente para ser como sus espejos. (Si está usando una traducción que usa la palabra "hombre" para la humanidad en este versículo, asegúrese de aclarar que el término incluye a niños y niñas, hombres y mujeres, como aclara la segunda parte del versículo.)

Dígale a su hijo que, como en el juego del espejo, somos como Dios de varias formas; y diferentes a Él en otras.

Muestre el globo y ayude a su hijo a recordar lo que aprendió sobre quién es Dios cuando jugaron a "pasar el globo". (Dios es un espíritu.) Sostenga el espejo frente a su hijo y diga: **Has sido creado para reflejar a Dios, y también eres un ser espiritual. Aun después de que tu cuerpo muera, tu espíritu vivirá para siempre. Esa es una forma en que eres como Dios.**

Pregunte, **¿Tiene Dios un cuerpo?** (No.) **¿Tienes tú un cuerpo?** (¡Claro!) Vuelva el espejo hacia abajo y diga: Dios **no tiene un cuerpo, pero tú sí. Esa es una forma en la que eres diferente de Dios.**

Muestre el corazón de arcilla o masa y ayude a su hijo a recordar que usó el corazón para recordar que Dios cuida de nosotros y es un Padre bueno. Alce de nuevo el espejo frente a su hijo y diga: **Tú fuiste creado para reflejar a Dios. Él te hizo para ser parte de su familia.**

Pregunte: **¿Eres siempre bueno, amable y amoroso?** (¡No!) **¿Es Dios siempre bueno, amable y amoroso?** (Sí.) Ponga el espejo hacia abajo y diga: **Dios es siempre bueno, pero nosotros a veces no lo somos. Esa es otra forma en que somos diferentes a Dios.**

## PLAN DE VUELO ALTERNATIVO:
### Opciones para edades de 8 a 12 años

Pida a sus hijos que oigan la palabra "imagen" mientras lee Génesis 1:27 e identifiquen quién es una imagen de quién. (La mayoría de las traducciones usan la palabra "imagen" en este versículo; compruebe la suya antes de leer.) Señale que Dios hizo a la gente a su imagen: para reflejarlo a Él.

Al hablar del que las personas somos seres espirituales hechos para ser parte de la familia de Dios, lean juntos 2 Corintios 6:18. Si quiere ahondar más, explore lo que la Biblia dice sobre la imagen de Dios en Efesios 4:24 (justicia y santidad) y Colosenses 3:10 (conocimiento).

## 3. REENTRADA:
### Hacer entender la verdad

*Lo que necesita*

- *mesa y sillas*
- *animales de peluche, muñecas o figuritas de acción*

Concretice a su hijo la idea de la familia de Dios creando una "familia" en su mesa de la cocina o del salón. Comience diciendo algo como esto:

**Dios nos hizo parte de su familia. Si pudieran elegir a alguien para que fuera parte de nuestra familia, ¿quién sería?**

Puede que su hijo simplemente nombre a miembros de su familia, o puede que escoja amigos o celebridades o hasta personajes de los dibujos animados. Pídale a su hijo que explique por qué le gustaría tener a esas personas cerca.

Luego diga:

**Veamos qué clase de "familia" podemos crear en cinco minutos. Pueden usar cualquier cosa que encuentren:**

animales de peluche, muñecas, figuras de acción o fotos de gente. ¡Preparados…listos…ya!

Deje que su hijo tome la iniciativa para buscar "miembros de la familia". Cuando se acabe el tiempo, junte a estos "familiares" alrededor de la mesa.

Pregunte:

**¿Aprecian algún parecido familiar?** (Probablemente no.) **¿Cómo creen que estos miembros de la familia se llevarían entre sí? ¿Es así como Dios juntó a su familia?** (No.)

## PLAN DE VUELO ALTERNATIVO:
### Opciones para edades de 8 a 12 años

> Los niños más mayores probablemente no estén interesados en coleccionar una "familia" de juguetes. En su lugar, pídales que creen un mensaje sobre ser hechos a imagen de Dios. El título: "Este soy yo". Pueden presentarlo en la forma que les guste, siendo algunas posibilidades las que siguen:
> - una canción o rap
> - un programa de noticias
> - un dibujo (el cual deben explicar)
> - cualquier otra cosa que ellos propongan y con la que usted esté de acuerdo.

Explique que Dios no fue corriendo por la casa agarrando lo primero que encontró y lo llamó "familia". Él nos hizo a cada uno para que fuésemos únicos, y Él quiere estar cerca de nosotros, para ser nuestro Padre.

En Tiempos en familia subsiguientes, tratarán la cuestión de cómo una persona se convierte en parte de la familia de Dios, lo que algunos llamarían la diferencia entre ser una *creación* de Dios y un *hijo* de Dios. Por ahora, es suficiente con que su hijo entienda que Dios quiere una relación de este tipo.

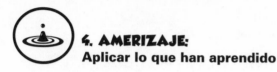

## 4. AMERIZAJE:
### Aplicar lo que han aprendido

*Lo que necesita:*
- *papel*
- *rotuladores*
- *cinta*

Pregunte: **Si realmente creen que han sido creados a imagen de Dios para ser parte de su familia, ¿cómo se sienten con ustedes mismos? ¿Bien o mal?**

La mayoría de los niños probablemente dirán: "Bien". Si es necesario, explique que Dios debe de valorarnos mucho si quiere que seamos su familia; y ser como Él aunque sea en unos cuantos aspectos es todo un honor. Para reflejar estas ideas, creen "pegatinas" para poner en un espejo, una para cada uno. Cada pegatina debe comenzar con la frase: "Dios me creó, y...".

Los niños que tienen una inclinación tecnológica quizá quieran hacer la suya en la computadora en lugar de usar rotuladores. Invéntense sus propias frases o escojan una de las siguientes:

- Dios me creó, ¡y Él no crea cosas baratas!
- Dios me creó, ¡y también te creó a ti!
- Dios me creó, ¡y Él sabe lo que hace!
- Dios me creó, ¡y Él es un artista!

## APERITIVO ESPACIAL

*Lo que necesita:*
- *galletas con forma de personas (ver debajo)*

¿Desea concluir con un refrigerio? Intente con algo con forma de persona, como galletas con forma del muñequito de los inocentes o alguna otra forma que usted haga (y decórelas, si tiene tiempo) con su hijo. Si quiere, hable de cómo las galletas están "creadas a su imagen".

## TIEMPO EN FAMILIA 4

# ¿CÓMO LO CONOCEMOS?

### CONTROL DE MISIÓN:
#### Hacia donde se dirige

Usted ayudará a su hijo a descubrir que podemos conocer a Dios porque Él nos enseña sobre sí mismo en su creación y en su Palabra.

### CUENTA ATRÁS:
#### Prepararse

¿Por qué quiere lanzar la fe de su hijo? ¿Por qué animarlo a seguir a Jesús? ¿Por qué no exponer a su hijo a alguna otra creencia; o a ninguna?

Probablemente tiene algo que ver con su confianza en lo que dice la Biblia. Cuando se trata de información sobre el mundo sobrenatural, es… bueno… la Biblia cristiana.

¿No es increíble que Dios se nos dé a conocer en ese libro? Aborde este Tiempo en familia con una sensación de asombro por la autorevelación de Dios, y su hijo absorberá ese asombro.

## 1. DESPEGUE:
### Comienzo

*Lo que necesita:*
- *Seis bolsas de despegue nombradas "B", "I", "B", "L", "I" y "A".*
- *Objetos irrompibles que comiencen con las letras B, I, B, L, I y A, (ejemplo: balón, iguana de plástico, borrador, limón, imán, algodón)*

Sin que su hijo vea los objetos, ponga cada uno en la bolsa con la letra correspondiente. Cierre las bolsas con una grapadora.

Sitúe las bolsas de tal forma que se pueda leer "BIBLIA", y desafíe a su hijo a adivinar lo que hay en cada bolsa sosteniéndola pero sin abrirla. Explique que el objeto comienza con la letra que hay en la bolsa. (Este juego es aún más divertido si hay varias personas adivinando, así que involucre a todos los miembros de la familia que pueda.)

Después de que todos los que juegan hayan participado, abra las bolsas y vean si alguien acertó, y luego pregunte:

**¿Qué objetos eran fáciles de adivinar? ¿Por qué?**

**¿Cuáles fueron difíciles de adivinar? ¿Por qué?**

## PLAN DE VUELO ALTERNATIVO:
### Opciones para edades de 8 a 12 años

Con los niños más mayores, use las palabras *revelar y revelación*. La forma de los objetos ayudó a *revelar* lo que eran; la Biblia es la *revelación* de Dios para nosotros; es una manera en que Él se *revela* a sí mismo.

Subraye que la forma del objeto les ayudó a saber algo sobre el objeto: podían ver la forma un poquito, y podían tocarla.

Diga: **Como Dios es un espíritu, no podemos verlo ni tocarlo. ¿Cómo podemos conocerlo?** Afirme todas las respuestas de sus hijos que pueda, y luego diga algo como esto: **Podemos conocer a Dios porque Él nos habla de sí mismo. Veamos lo que la Biblia dice sobre cómo Dios nos deja que sepamos de Él.**

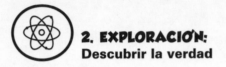

## 2. EXPLORACIÓN:
### Descubrir la verdad

*Lo que necesita:*
- *una Biblia*
- *un versículo o pasaje bíblico favorito acerca de Dios*

Lea en voz alta el Salmo 19:1-4. Ayude a su hijo a entender que la Biblia dice que podemos aprender acerca de Dios por la naturaleza: los "cielos" y todas las otras cosas que Dios creó.

Salgan fuera, encuentre algo en la naturaleza que le recuerde a Dios, y compártalo con su hijo. Si no puede salir o no puede encontrar nada "natural", busque una página web apropiada, un libro sobre la naturaleza o un libro de fotografías que contenga muchas escenas de la naturaleza.

Lo que usted diga dependerá de la madurez de su hijo. Los niños más pequeños piensan de forma concreta; un buen ejemplo podría ser una hormiga o cualquier otra cosa pequeña. Podría decir algo como: **Esta hormiguita me muestra la perfección con la que Dios puede crear aún las cosas más pequeñas. Yo nunca podría hacer algo así de pequeño sin aplastarlo, ¡pero Dios sí! Si Él es tan cuidadoso al crear una hormiga tan pequeña, ¡sé que debe de ser muy cuidadoso a la hora de cuidarnos a nosotros!**

A continuación, invite a su hijo a encontrar algo para que se lo muestre y le diga a usted lo que puede aprender de ello sobre Dios.

Ahora comparta un pasaje bíblico favorito con su hijo, uno que describa a Dios o sus sentimientos hacia nosotros. Estas son algunas posibilidades:

- Mateo 10:29-31 (Dios sabe todo sobre nosotros y nos valora mucho.)
- Deuteronomio 4:35 (Hay un sólo Dios.)
- Salmos 74:12-17 (Dios es como un rey, pero tan poderoso que puede controlar el mar, el día y la noche, el sol y la luna y las estaciones.)

**PLAN DE VUELO ALTERNATIVO:**
**Opciones para edades de 8 a 12 años**

Aprendemos sobre Dios a través de la Biblia, ¿pero es cierto lo que aprendemos en ella? Los niños más pequeños normalmente no cuestionan la fiabilidad de la Biblia, pero algunos niños más mayores puede que sí lo hagan. Si su hijo se pregunta por qué debería confiar en la Biblia, puede compartir las siguientes razones adaptadas del libro *Stand* de Alex McFarland (Focus on the Family/Tyndale, 2005).

1. La Biblia ha sido preservada y es indestructible. Ha sobrevivido a todos sus enemigos. Los manuscritos existentes indican que ha sido rigurosamente copiada a lo largo de los siglos.

2. Hay una unidad en la Biblia. Aunque fue escrita por unos 40 individuos durante un periodo de unos 1500 años, contiene un mensaje coherente.

3. La Biblia está respaldada por la arqueología. Descubrimientos de arqueólogos a lo largo de los años han mostrado una y otra vez que la Biblia es precisa en sus datos históricos.

4. Las profecías bíblicas han predicho el futuro, algunas veces con cientos de años de anticipación.

Finalmente, pida a su hijo que le diga su historia bíblica favorita. Pregunte: **¿Qué nos ayuda a aprender de Dios esta historia?**
Si su hijo no tiene la suficiente experiencia con la Biblia como

para nombrar una historia favorita, pregúntele: **¿Puedes recordar algo sobre Dios que esté en la Biblia y de lo cual ya hablamos en uno de nuestros Tiempos en familia?** Algunos ejemplos:

- Juan 4:24a (Dios es espíritu.)
- Génesis 1:1 (Dios creó el mundo.)
- Lucas 11:11-13 (Dios Padre nos da a nosotros, sus hijos, buenos regalos.)
- Génesis 1:27 (Dios nos creó a su imagen.)

Termine esta parte de su Tiempo en familia con un comentario de este tipo: **Podemos conocer sobre Dios a través de las cosas que Él creó, y a través de su libro: la Biblia.**

## 3. REENTRADA:
### Hacer entender la verdad

*Lo que necesita:*
- *una Biblia*
- *una hoja grande de papel*
- *rotuladores o ceras*
- *cinta*

Busque una historia bíblica apropiada para su edad, paráfrasis o traducción para que la guarde su hijo. Escriba su nombre y la fecha en la página de presentación si la tiene. Ayúdele a hacer una portada personalizada para la Biblia, usando una hoja grande de papel y los rotuladores o ceras.

Si la Biblia tiene elementos especiales como "datos divertidos" o lecturas devocionales, señáleselos. Pídale a su hijo que escoja un lugar para guardar la Biblia para que no se pierda.

## 4. AMERIZAJE:
### Aplicar lo que han aprendido

*Lo que necesita:*
- *una carta en un sobre*

Antes de su Tiempo en familia, escriba una carta de ánimo a su hijo y métala en un sobre. Diríjala a su hijo y dibuje en ella un sello postal, pero no incluya su nombre ni la dirección del remitente.

Pregunte: **¿De quién crees que puede ser esta carta? ¿De qué crees que se trata?**

Desafíe a su hijo a adivinar las respuestas a esas preguntas en un minuto sin abrir el sobre. Cuando se acabe el tiempo, deje que intente adivinar el remitente y el contenido. Luego deje que su hijo abra el sobre y lea la nota (o léasela usted).

Después, diga algo como esto:

**Supongamos que recibieras una carta del Presidente [o Primer Ministro].** Nota: Los niños muy pequeños puede que lo entiendan mejor con una carta del abuelo o la abuela.

**¿Qué harías cuando llegara la carta? ¿La abrirías y la leerías (o harías que alguien la leyera por ti), o la dejarías sin abrir?**

**¿Cómo se parece la Biblia a una carta de Dios para nosotros?**

**¿Qué deberíamos hacer: abrirla y leerla, o dejarla sin abrir? ¿Por qué?**

Según sea necesario, señale que la mejor manera de conocer lo que Dios quiere decirnos sobre Él mismo es abrir su carta y leerla. Tome un momento para dar gracias a Dios por darse a conocer a través de la naturaleza y a través de la Biblia.

**APERITIVO ESPACIAL**

*Lo que necesita:*
- *algo de comer con miel encima*

¿Quiere terminar con un aperitivo? Lea el Salmo 119:103: "¡Cuán dulces son a mi paladar tus palabras! ¡Son más dulces que la miel a mi boca!". Explique que este versículo está hablando sobre las palabras de Dios, las que encontramos en la Biblia. Sirva un aperitivo que contenga miel; hablen sobre lo dulce que es. ¿Cómo es posible que la Palabra de Dios sea aún más dulce?

## TIEMPO EN FAMILIA 5

# APARTADO DEL JARDÍN

### CONTROL DE MISIÓN:
### Hacia donde se dirige

Usted ayudará a su hijo a entender el hecho de que nuestro pecado nos separa de Dios.

### CUENTA ATRÁS:
### Prepararse

El pecado empeora nuestra relación con Dios. Como Adán y Eva, fuimos apartados del paraíso por nuestra rebelión. Aun así, estamos tan acostumbrados a cargar con nuestras tendencias que quizá ni siquiera nos demos cuenta de lo dominantes que son.

En los Tiempos en familia previos, usted dejó claro que no gravitamos de forma natural hacia hacer lo correcto. Esta vez explicará por qué. Ayude a su hijo a ver que la historia de Adán y Eva es nuestra historia; el mismo pecado que separó a Adán y Eva de la comunión con Dios es parte de nuestra experiencia diaria.

Son malas noticias, pero necesitamos el diagnóstico si hemos de darnos cuenta de que necesitamos la cura. Las buenas noticias son que Dios odia no sólo nuestro pecado, sino la separación que este crea entre nosotros y Él, y está dispuesto a tomar medidas extremas para traernos de vuelta.

 **1. DESPEGUE:**
**Comienzo**

*Lo que necesita:*
- *materiales para hacer un modelo del jardín del Edén (bloques de construcción de plástico pequeños, figuritas de animales, plantas reales o artificiales, etc.)*
- *una figura pequeña para representar a cada persona que participa*

¡Es la hora de la construcción creativa! Reúna materiales para crear un jardín del Edén en pequeñito con su hijo. Puede ser de cualquier tamaño que quiera. El objetivo es divertirse y crear su maqueta lo más sofisticada que pueda.

Dependiendo de los intereses de su hijo y los materiales que tenga a la mano, podría usar cualquiera de lo siguiente:

- figuritas de animales de un establo o un circo
- árboles y plantas de juegos
- un tiesto con tierra donde trasplantar plantas o insertar flores y ramitas cortadas
- plantas y animales hechos de cartulina
- "estanques" hechos con papel de aluminio o agua en tarrinas de mantequilla

Si el tiempo y el lugar lo permiten, intente hacer este trabajo fuera. No tenga prisa; disfrute de hacerlo juntos, usando el tiempo para recordar algunas cosas que han aprendido hasta ahora sobre la buena creación de Dios.

Cuando hayan creado su Edén, escoja una figura (o haga una de arcilla o papel de aluminio) para representar a cada uno de ustedes. Ponga las figuras en el "jardín".

 **2. EXPLORACIÓN:**
**Descubrir la verdad**

*Lo que necesita:*
- *una Biblia*
- *arcilla o masa para modelar*

Modele una cosa más —una serpiente— con arcilla o masa. Póngala también en el jardín.

Lea Génesis 3 de una versión de la Biblia para niños o de una traducción sencilla, o cuente el relato en un lenguaje que su hijo entienda. Al contar la historia, haga que su hijo actúe con las figuras que hay en su jardín.

 **3. REENTRADA:**
**Hacer entender la verdad**

Compruebe el entendimiento de su hijo haciendo que le resuma a usted la historia, usando el jardín y las figuras como accesorios

Luego pregunte:

**¿Cómo sería el mundo si la gente nunca hubiera desobedecido a Dios?**

**¿Cómo crees que Adán y Eva se sintieron cuando fueron expulsados del jardín?**

**¿Cómo crees que se sintió Dios?**

## PLAN DE VUELO ALTERNATIVO:
### Opciones para edades de 8 a 12 años

Si cree que su hijo vería el crear una maqueta del jardín del Edén como una actividad de "niños", intente hacer en su lugar alguna actividad como una "entrevista en la calle" de niños. En persona, o por teléfono o mensajes instantáneos, ayude a su hijo a hacer a amigos y familiares preguntas como las siguientes:

**¿Quién vivía en el jardín del Edén?**

**¿Quién fue creado primero, Adán o Eva?**

**¿Qué tipo de frutos se podía comer en el jardín?**

**¿Qué tipo no se podía? ¿Por qué?**

**¿Por qué comieron Adán y Eva?**

**¿Qué les ocurrió?**

**¿Qué tiene que ver esta historia con nosotros hoy día?**

Luego ayude a su hijo a comprobar las respuestas de la gente con el relato de Génesis 3. Si sus entrevistas fueron en persona, quizá quiera documentarlas con una cámara de video o una grabadora y compartirlas con el resto de la familia después.

## 4. AMERIZAJE:
### Aplicar lo que han aprendido

*Lo que necesita:*
- *una Biblia*
- *etiquetas adhesivas*
- *rotulador*
- *arcilla o masa de modelar*

Lea Romanos 3:23. Explique que nosotros, como Adán y Eva, hemos desobedecido a Dios. Esto se llama pecado, y nos separa de Dios al igual que el pecado de Adán y Eva les separó a ellos.

Pida a su hijo que nombre cosas que los niños y las mamás

y papás hacen mal. Sea lo más específico que pueda. Estas son sugerencias para estimular su pensamiento:

- no compartir un juguete o juego
- responder a los padres en lugar de obedecer
- rebasar el tiempo permitido para jugar videojuegos haciendo que se nos olvidó el límite de tiempo
- insultar a alguien en la escuela
- entablar una pelea con un hermano para meterle en problemas
- codiciar la TV más grande que tiene otra familia
- mentir diciendo que hice una tarea
- copiar en un examen

Según vaya su hijo mencionando cada pecado, escríbalo en una pegatina aparte (o dibuje un símbolo, para los que no saben leer), póngale un poco de arcilla o masa y use las etiquetas para construir una valla que separe las figuras del jardín.

**PLAN DE VUELO ALTERNATIVO:**
**Opciones para edades de 8 a 12 años**

Si no hicieron una maqueta del jardín del Edén y no quiere construir una valla con etiquetas adhesivas, aquí tiene otra manera de presentar la idea de ser "expulsados" por el pecado.

Haga que su hijo escriba tipos de desobediencia en tiras de papel crepé y sujételas con cinta en la entrada de su cuarto. Anuncie, en tono de burla, que él o ella dormirá en el baño a partir de ahora. Discutan los cambios en el estilo de vida que se requerirían para tal "exilio".

Cuando haya construido una valla bastante grande, hable un poco sobre cómo nuestros pecados son como una pared entre nosotros y Dios. Pregunte cómo se sentiría si hubiera sido expulsado de un lugar donde a su hijo realmente le gustaría estar: una fiesta, un parque temático, un cine, una juguetería.

Afirme a su hijo que Dios está tan deseoso como nosotros de derribar la valla y acercarnos a Él. Hablarán más de esto en un próximo Tiempo en familia.

 **APERITIVO ESPACIAL**

*Lo que necesita:*
- helado
- galletas de chocolate
- bosas de plástico con cierre
- gusanos de gominola
- boles

¿Quiere terminar con un aperitivo? Intente "helados del jardín". Dé a su hijo un bol de helado. Déjele que machaque galletas de chocolate en una bolsa de plástico y que derrame la "tierra" resultante sobre el helado. Añada los gusanos de gominola que desee.

## TIEMPO EN FAMILIA 6

# UN PADRE NUEVO

**CONTROL DE MISIÓN:**
**Hacia donde se dirige**

Usted ayudará a su hijo a ver que Dios quiere que seamos parte de su familia; y gracias a Jesús, podemos.

**CUENTA ATRÁS:**
**Prepararse**

00:00:01

Todo lo que ha estado compartiendo con su hijo —que Cristo llevó las consecuencias de nuestros pecados, la poderosa verdad de su resurrección— señala hacia el increíble hecho de que Dios quiere tener una relación con nosotros. Él quiere que seamos sus hijos.

Lanzar la fe de su hijo no es sólo cuestión de datos o de hacer oraciones, sino de comenzar un vínculo eterno y personal con nuestro Creador a través de su Hijo. Su hijo necesita saber que la salvación no es una transacción legal insensible, sino una adopción motivada por un amor más fuerte de lo que podemos imaginar.

## 1. DESPEGUE:
### Comienzo

*Lo que necesita:*
- *pistas en notas adhesivas para la búsqueda del tesoro (ver debajo)*
- *una foto de usted*
- *un premio pequeño*

Antes del Tiempo en familia, monte una "búsqueda del tesoro" con pistas que pueda seguir su hijo. En cada pista incluya no sólo la indicación o direcciones de la próxima pista, sino también una breve nota diciendo a su hijo o hija cuanto les ama.

Si puede emparejar la nota de amor con el lugar, ¡es mucho mejor! Por ejemplo: "Me encanta leer contigo. Ve a nuestro lugar de lectura favorito" podría dirigirle a la silla donde se sientan juntos cuando le lee a su hijo.

Haga que la última pista le lleve al "tesoro": una fotografía de usted.

Siga a su hijo durante la búsqueda, para ayudarle con cualquier pista difícil y disfruten de la diversión. Recoja las pistas según las descubre y llévelas con usted.

## PLAN DE VUELO ALTERNATIVO:
### Opciones para edades de 8 a 12 años

A la mayoría de los niños más mayores también les gustan las búsquedas. Para hacerlo divertido para sus hijos mayores, haga las pistas más difíciles. Incluya pistas visuales o que rimen, o hasta problemas matemáticos.

Este es un ejemplo: "Encontrarás la siguiente pista en un ce 3,14159265 llo". La respuesta: "Cepillo".

Cuando lleguen al tesoro, pregunte: **¿Qué piensan de este tesoro?**

Es probable que su hijo quede un poco decepcionado, especialmente si estaba esperando un caramelo o dinero. Saque de su bolsillo otro tesoro: un premio como un billete de un dólar.

Pregunte: **¿Qué piensan de *este* tesoro?**

Quizá su hijo o su hija estén más entusiasmados con el premio que con su fotografía. Diga: **Esta fotografía es mi representación. Si no tuvieran este tesoro** [señálese a usted mismo] **¿tendrían este otro?** [Muestre el premio.]

Dé a su hijo el tesoro. Explique que hay dos clases de tesoros: la gente que nos ama y las cosas que la gente nos da porque nos ama. Tenemos que recordar no sólo las cosas, sino también a las personas.

## 2. EXPLORACIÓN:
### Descubrir la verdad

*Lo que necesita:*
- *Biblia*
- *las pistas de su búsqueda del tesoro*
- *nota adhesiva*
- *pluma o lapicero*

Muestre a su hijo las notas de la búsqueda del tesoro. Pregunte: **¿Por qué crees que te las escribí?**

Su hijo podría dar diferentes respuestas; estas son algunas posibilidades, junto con las maneras de emparejarlas con la idea de que Dios quiere tener una relación con nosotros.

- "Escribiste las notas y las pistas porque eres mi mamá o papá".

**¡Correcto! Soy tu mamá [o papá], ¡y te amo! Por eso te escribí notas para decirte que te amo. Dios es tu Padre celestial, y Él también te ama. ¿Sabías que Él también te escribió notas para decirte que te ama? Están en la Biblia.**

- "Escribiste las notas y las pistas para que pudiera encontrar el tesoro".

**¡Sí! Quería que encontraras el tesoro porque te amo. Dios también te ama, y tiene un tesoro mucho mejor para ti: vida eterna con Jesús. Él te escribió en la Biblia para decirte cómo puedes tener ese tesoro.**

- "Escribiste las notas y las pistas porque te gusta leer conmigo [o cualquier cosa que haya escrito usted en la nota]."

**¡Me encanta leer contigo! Me gusta estar contigo. A Dios también le gusta pasar tiempo contigo, y Él quiere que un día vivamos con Él eternamente.**

Abra la Biblia en 1 Juan 3:1a y léalo en voz alta. Aquí lo tiene en la Nueva Versión Internacional: "¡Fíjense qué gran amor nos ha dado el Padre, que se nos llame hijos de Dios! ¡Y lo somos!".

**¡Dios quiere que seamos parte de su familia! Gracias a Jesús, podemos ser hijos de Dios.**

**PLAN DE VUELO ALTERNATIVO:**
**Opciones para edades de 8 a 12 años**

Use la palabra "relación" con los niños más mayores. Pregúnteles qué tipo de relación les gusta tener con un amigo, con usted y con un hermano. ¿Qué tipo de relación les gustaría tener con Dios?

Ayúdelos a entender el tipo de relación que a Dios le gustaría tener con ellos leyendo Juan 14:23-27 y Juan 15:14-16. Luego pídales que resuman los versículos en una nota adhesiva o dos.

Pregunte: **¿Saben lo que hizo Jesús para hacer posible que fuéramos hijos de Dios?** Después de que su hijo responda, confirme o aclare su respuesta leyendo 1 Juan 2:12: **"Les escribo a ustedes, queridos hijos, porque sus pecados han sido perdonados por el nombre de Cristo"** (NVI).

Explique que esta es una de las "notas" de Dios para usted y sus hijos, y que vale la pena recordarla. Luego ayude a su hijo a escribir o dibujar un resumen del versículo en una nota adhesiva.

### 3. REENTRADA:
#### Hacer entender la verdad

*Lo que necesita:*
- *Las notas adhesivas de su búsqueda del tesoro*

Recoja las pistas de las "notas de amor" de su búsqueda del tesoro. Deje que su hijo decida dónde ponerlas (en la puerta de su cuarto, el espejo del baño, etc.) como recordatorio de que usted y Dios aman a su hijo. La única regla: no se pueden poner más de tres notas por cuarto. Eso servirá para asegurarse de que su hijo encuentre los mensajes lo más a menudo posible.

### 4. AMERIZAJE:
#### Aplicar lo que han aprendido

*Lo que necesita:*
- *cubitos de hielo*
- *manopla o guante*

Entregue a su hijo un cubito de hielo; vea cuánto tiempo es capaz de sostenerlo antes de soltarlo por estar demasiado frío o por descongelarse y poner todo perdido de agua. Luego deje que su hijo se ponga una manopla o guante para calentar su mano.

Pregunte: **¿Como qué quiere ser Dios para ti, como un cubito de hielo que está frío y duro, o como una manopla que te calienta y protege?**

Si es necesario, señale que Dios quiere calentar, estar cerca y amar a los miembros de su familia. Por eso nos invita a unirnos a su familia creyendo en su Hijo: Jesús.

Si su hijo aún no ha respondido a esa invitación, pregúntele si le gustaría hacerlo ahora. Si dice que sí, puede guiar a su hijo con la oración que se encuentra al final del Tiempo en familia 10.

Si la respuesta es no, no presione. Quizá podría orar con su hijo para pedirle a Dios que le ayude a descubrir el tesoro de llegar a conocer a Aquel que nos ama tanto. El próximo Tiempo en familia le explicará más en detalle cómo hacer esto, y le dará otra oportunidad de responder.

 ## APERITIVO ESPACIAL

*Lo que necesita:*
- un *"tesoro"* de aperitivo

Para seguir con el tema del "tesoro", quizá quiera probar uno de los siguientes aperitivos:

- monedas de chocolate envueltas en papel aluminio
- cualquier comida con la palabra "Oro" o "Joya" en su nombre
- cualquier dulce que se parezca a una joya, collar o pepita de oro
- cualquier comida que oculte un ingrediente dentro de otro (tallos de apio llenos de crema de cacahuate o queso, pastelitos rellenos de crema, etc.)

# EL CAMINO DE ROMANOS

### CONTROL DE MISIÓN:
**Hacia donde se dirige**

Usted ayudará a su hijo a entender los pasos que puede dar para comenzar una relación con Dios.

### CUENTA ATRÁS:
**Prepararse**

Si pudiera escoger sólo un mensaje de la Biblia para compartir con su hijo, ¿no escogería las Buenas Nuevas de cómo estar en paz con Dios?

Quizá su hijo ya tenga una relación con Dios, y entonces este Tiempo en familia será un feliz recordatorio de la gracia de Dios en sus vidas, y quizá un modelo de cómo compartir las Buenas Nuevas con otros.

Si su hijo no ha recibido a Jesús como Salvador y Señor, este Tiempo en familia le dará la oportunidad de hacerlo. Será su privilegio indicar el camino e invitar a su hijo a "creer en su corazón y confesar con su boca" que Jesús es el Señor.

Abra el camino con oración. Es humillante y a la vez tranquilizador saber que cualquier "resultado" será la obra de Dios, y no la de usted. Si no ve resultados, que no cunda el pánico, ya que Dios puede edificar sobre este Tiempo en familia según su agenda, y de formas que usted no puede predecir.

## 1. DESPEGUE:
### Comienzo

*Lo que necesita:*
- *dos tablas o cartones*
- *platos de papel*
- *bolsa de nubes o esponjas dulces*
- *bloques o cubos de juguete*
- *autos de juguete*
- *premio (opcional)*

Sitúe dos tablas o cartones con una separación de un metro aproximadamente entre ellos. Ponga uno o más autos de juguete.

Ponga un reto a todos los miembros de la familia: **Vamos a convertirnos en constructores de puentes. Su tarea es construir un puente que lleve este auto de juguete de una tabla [o caja de cartón] a la otra. Pero sólo pueden usar los materiales que voy a mostrarles.**

Saque una pila de platos de papel, una bolsa de nubes o esponjas dulces y unos cuantos bloques o cubos de construir. Trabajando solos o en grupos, los miembros de la familia tienen cinco minutos para crear puentes que sostengan el auto.

Cuando se acabe el tiempo, deje que la gente pruebe sus puentes. Aquel cuyo puente funcione puede comerse una nube, o recibe un premio que usted elija.

## PLAN DE VUELO ALTERNATIVO:
### Opciones para edades de 8 a 12 años

*Lo que necesita:*
- *papel*

Los niños más mayores quizá disfruten más el desafío extra de usar sólo papel para hacer sus puentes (y si sus hijos no son pequeños, quizá ya no tenga bloques o cubos de construir).

No deje que los participantes usen cinta o grapas; tampoco pueden usar tijeras para cortar el papel, deben romperlo con las manos. Está permitido doblar el papel para que esté más fuerte, y también conectar trozos de papel haciendo solapas que encajen en agujeros.

Pregunte: **¿Qué tal funcionó su puente? ¿Por qué? ¿Qué hubiera hecho este trabajo más fácil?**

**¿Alguna vez han querido poder llegar de un lado de algo —como un charco, un cañón o un río— a otro? Cuando no pueden saltar lo suficientemente lejos, ¿qué necesitan?** (Un puente, un avión, alguien que nos lleve, etc.)

Explique que hay un espacio que todo el mundo debe cruzar, y nadie puede hacerlo solo. Necesitamos un puente, y hay solamente uno que funciona.

## 2. EXPLORACIÓN:
### Descubrir la verdad

*Lo que necesita:*
- *una Biblia*
- *papel*
- *lapiceros*

Dígale a su hijo que va a dibujar un tipo de puente diferente.

Está sobre el "camino de Romanos", basado en el libro de Romanos de la Biblia.

Lea en voz alta Romanos 3:10-12 y Romanos 3:23. Dibuje un diagrama como el siguiente en su papel. Haga que su hijo copie su dibujo en su propia hoja. Anime a su hijo a hacer un dibujo de sí mismo en el lado "Gente" del diagrama.

A continuación lea Romanos 6:23, y diga algo como: **Todos hemos pecado; hemos hecho cosas que están mal. ¿Cuál es la "paga" del pecado?** (Muerte)

**¿Qué te ofrece Dios en lugar de la muerte?** (Vida)

[Nota: Los niños muy pequeños puede que no entiendan la naturaleza o la permanencia de la muerte. Si este es el caso con su hijo, quizá puede enfatizar en su lugar la idea de estar apartado de Dios, quien nos ama. El concepto de separación está muy claro en el diagrama "El camino de Romanos".]

Si su hijo entiende lo que es la muerte, añada las palabras "Muerte" y "Vida" como se muestra en la siguiente ilustración, y que su hijo también lo haga. Para los niños más pequeños, dibujar caras tristes y alegres en lugar de "Muerte" y "Vida" puede ser más eficaz.

Ahora lea Romanos 5:8. Añada el resto de la cruz a su dibujo como se muestra. Si su hijo sabe leer, escriba el nombre de Cristo. Anime a su hijo a hacer lo mismo.

## PLAN DE VUELO ALTERNATIVO:
### Opciones para edades de 8 a 12 años

Con los niños más mayores quizá pueda hablar de la vida de Cristo con más detalle. Al leer los siguientes pasajes, podría explorarlos con preguntas como estas.

*Romanos 3:10-12:* ¿Qué tipo de vida describe esto? ¿Se parece a esta la suya? ¿Es la vida que quieren?

*Romanos 5:8:* ¿Qué les dice esto acerca de Dios? ¿Por qué la gente le llama a esto las Buenas Nuevas?

*Romanos10:9-10:* ¿Les describe esto? ¿Qué parte parece más difícil: creer o decirles a otros que ustedes creen?

*Romanos 10:13:* ¿Suena demasiado fácil comenzar una relación con Dios? ¿Cómo hizo Dios que comenzaran las cosas? ¿Dirían que la parte de Él fue fácil o difícil?

Lea Romanos 10:9-10. Explique que para cruzar el puente hacia Dios, lo único que necesitan hacer es pedirle que perdone sus pecados, creer en Jesús como su rescatador y decirlo. Dibuje la línea que indica el cruce del puente, como en el diagrama siguiente.

### 3. REENTRADA:
### Hacer entender la verdad

*Lo que necesita:*
- *Biblia*
- *El "camino de Romanos" que dibujó su hijo*

Para asegurarse de que su hijo entiende, invítele a que le describa el camino de Romanos usando el diagrama que dibujó. Después, coloque el diagrama en este libro; lo volverá a usar de nuevo en el siguiente Tiempo en familia.

### 4. AMERIZAJE:
### Aplicar lo que han aprendido

*Lo que necesita:*
- *una Biblia*

Lea Romanos 10:13. Asegúrese de que su hijo entiende la promesa: Dios salvará, o rescatará, a todo el que se lo pida.

Si su hijo ya se lo ha pedido, celébrenlo juntos. Asegure que Dios guardará su promesa de Romanos 10:13.

Si su hijo no lo ha pedido, dele la oportunidad de hacerlo, invitándole a hacer una oración de este tipo.

**Amado Dios:**

**Sé que sin ti estoy perdido. Sí que peco: hago cosas que no están bien y no hago cosas que debería. Tú dijiste que me amas aunque yo sea un pecador. ¿Podrías perdonarme, por favor, y darme un nuevo comienzo?**

**Quiero que seas mi Padre celestial. Creo que tu Hijo Jesús murió para pagar el precio por mi pecado, y que resucitó. Le acepto como mi Salvador para rescatarme y como mi Señor para tomar el control de mi vida.**

**Oro en el nombre de Jesús. Amén.**

Si su hijo no está listo para orar algo así, pregúntele con qué partes de la oración no está seguro. Esto podría darle alguna pista sobre los conceptos a revisar a medida termina los tres Tiempos en familia restantes de *El cohete Fe*.

 ## APERITIVO ESPACIAL

*Lo que necesita:*
- *aperitivos a su antojo*
- *sus mejores platos*

Si está celebrando la decisión de su hijo de recibir a Cristo, ya sea que ocurriera hace mucho tiempo o en este momento, la comida no debe ser tan importante como la forma en que se sirve. Intente resaltar la ocasión sacando sus mejores platos, aunque la comida sea papas fritas y jugo de frutas.

## TIEMPO EN FAMILIA 8

# UN NUEVO HOGAR

### CONTROL DE MISIÓN:
**Hacia donde se dirige**

Usted ayudará a su hijo a descubrir que Jesús está preparando un lugar para nosotros a fin de que podamos pasar la eternidad con Él.

### CUENTA ATRÁS:
**Prepararse**

00:00:01

Nada le da a un niño tanta seguridad como un hogar feliz. En este Tiempo en familia, tendrá el privilegio de hablar a su hijo de la seguridad de nuestro hogar eterno con Jesús.

No sabemos todos los detalles de cómo será ese hogar, aunque puede que sea divertido y revelador conocer las ideas de su hijo al respecto. Pero sabemos lo más importante: quienes pertenecen a Jesús estarán con Él para siempre. Eso sí es verdadera seguridad.

## 1. DESPEGUE:
### Comienzo

*Lo que necesita:*
- *el libro de bebé de su hijo, fotografías o video*

Acurrúquese con su hijo y vean juntos su libro de bebé (o DVD, o cualquiera que sea el formato en el que guarda sus fotos o videos). Mientras miran las fotos, enfatice los preparativos que hicieron en su casa para dar la bienvenida a su hijo. Por ejemplo, puede decir algo como lo siguiente.

**Esta es una fotografía tuya en la cuna. Antes de que nacieras [o fueras adoptado], elegí una mantita especial muy suave para que estuvieras cómodo en tu cuna. Mira: se ve el papel de la pared en esta foto. ¿Sabías que cuando papá y yo estábamos poniéndolo en la pared, casi lo colocamos al revés?**

### PLAN DE VUELO ALTERNATIVO:
### Opciones para edades de 8 a 12 años

Los niños más pequeños no son los únicos a los que les gusta que les recuerden lo especial que fue su llegada. A la mayoría de los niños más mayores también les gusta, aunque no se usen términos como "acurrucarse" y "papi y mami".

Sus hijos mayores quizá también tengan experiencia preparando un lugar para una nueva mascota, un tren de juguete, una computadora o una canasta de baloncesto. Si es así, invite a su hijo a recordar su preparación y anticipación.

Dígale a su hijo lo emocionados que estaban de esperarlo, lo mucho que disfrutaron preparándolo todo, y lo ansiosos que estaban por el día en que lo llevaran a casa del hospital o de la agencia de adopción.

Luego pregunte: **Cuando eran bebés, ¿qué creen que les**

gustaba más: encogerse en su manta o encogerse en los brazos de papá y mamá? ¡Correcto! Les gustaba más estar con mamá y papá.

Cuando eran bebés, ¿qué creen que les gustaba más: mirar el juguete móvil de su cuna [o el papel de la pared, o lo que corresponda], o mirar la cara de papá y mamá? ¡Correcto! Les gustaba más mirar a papá y mamá.

Cuando eran bebés, ¿qué creen que les gustaba más: jugar con su sonajero, o jugar con papá y mamá? ¡Correcto! Les gustaba más jugar con papá y mamá.

Les gustaban todas las cosas especiales en el cuarto que preparamos para ustedes, pero lo que más feliz les hacía era estar con papá y mamá, ¡porque les amábamos mucho!

## 2. EXPLORACIÓN:
### Descubrir la verdad

*Lo que necesita:*
• *Biblia*

Lea en voz alta Juan 14:2-4. Asegúrese de que su hijo entiende que es Jesús quien habla en estos versículos.

Diga algo parecido a esto:

**Nosotros preparamos un lugar para ustedes cuando vinieron a formar parte de nuestra familia. ¿Quién prepara un lugar para ustedes cuando forman parte de la familia de Dios?** (Jesús)

**Me pregunto cómo será vivir en la casa de Dios. ¿Qué creen?** Disfruten imaginando juntos cómo será. Ninguno de nosotros sabemos realmente qué esperar, así que no se preocupe por dirigir a su hijo hacia las respuestas "correctas".

## PLAN DE VUELO ALTERNATIVO:
### Opciones para edades de 8 a 12 años

Los niños con más edad pueden establecer su propia conexión entre los preparativos para ellos como bebés y los preparativos de Jesús en Juan 14:2-4. En lugar de hacer la comparación usted mismo, pruebe a hacer preguntas como las siguientes.

¿Cómo es este pasaje de la Biblia similar a lo que nosotros hicimos cuando ustedes se convirtieron en parte de nuestra familia?

¿Cómo creen que será el lugar que Jesús está preparando?

¿Qué creen que será lo mejor de vivir con Jesús? ¿Por qué?

Cuando ustedes eran bebés, les gustaba el lugar que les preparamos, pero lo que más felices les hacía era estar con nosotros, ¡porque les amábamos mucho! Cuando vayan a vivir con Jesús, ¿qué creen que será mejor: las cosas que Él ha preparado para ustedes, o estar con Dios, porque Él les ama mucho?

## 3. REENTRADA:
### Hacer entender la verdad

*Lo que necesita:*
- *revistas y periódicos*

Señale que el lugar que Jesús está preparando para nosotros es perfecto: un lugar lleno de gozo, sin enfermedades, guerras o muertes. Saque unos cuantos periódicos y revistas, preferiblemente alguno que tenga muchas fotografías. Diga algo como: **Vamos a ver algunas cosas increíbles en el cielo, pero también hay algunas cosas que no veremos. ¿Se imaginan alguna? ¿Podrían encontrar fotografías de algunas de ellas en los periódicos y revistas?**

Busquen juntos fotografías de cosas que probablemente no verán en el cielo. Estos son algunos ejemplos:

- Hospitales, ambulancias, medicinas
- Cementerios, funerales
- Escenas de crímenes, luchas, autos de policía, campos de batalla, cárceles
- Accidentes de tráfico, edificios en llamas
- Inundaciones, tornados, hambrunas, otros desastres

Lea Apocalipsis 21:3-4. Pregunte: **¿Cómo se sienten cuando escuchan de este lugar? ¿Cómo se sienten al saber que Jesús está preparándolo para nosotros?**

## 4. AMERIZAJE:
### Aplicar lo que han aprendido

*Lo que necesita:*
- *Biblia*
- *el diagrama de "El camino de Romanos" que dibujó su hijo en el Tiempo en familia 10*

Lea de nuevo Juan 14:2-4. **¿Qué quiere decir Jesús cuando dice que conocemos el camino al lugar hacia donde Él va? ¿Cómo llegamos allí?**

Muestre a su hijo el diagrama del camino de Romanos que dibujó. Recuérdele cómo muestra la manera de vivir para siempre con Jesús en el hogar que Él prepara para nosotros.

Según sea necesario, use el dibujo para hablar del proceso como lo hizo en el Tiempo en familia 10. Reafirme que usted y sus hijos podrán vivir con Jesús para siempre gracias al sacrificio que Jesús hizo en la cruz. Si su hijo no ha orado para recibir a Jesús como Salvador y Señor, invítelo a hacerlo ahora.

**APERITIVO ESPACIAL**

*Lo que necesita:*
- *comida de "banquete" (ver debajo)*
- *juego de té (opcional)*

Apocalipsis 19:9 menciona las "bodas del Cordero" en el cielo.
Usted y su hijo pueden comenzar a celebrarlo ahora con un
"banquete" a su propia medida. Para los más pequeños, un
juego de té con platos y tazas en miniatura podría servir muy
bien; los más mayores quizá prefieran un plato combinado de
fruta, palomitas, queso u otros aperitivos.

# SEGUIR AL LÍDER

**CONTROL DE MISIÓN:**
**Hacia donde se dirige**

Usted ayudará a su hijo a descubrir que Jesús nos enseñó cómo orar y cómo vivir.

**CUENTA ATRÁS:**
**Prepararse**

Si su hijo ha decidido comenzar una relación con Dios, es fantástico; pero orar para recibir a Jesús como Salvador y Señor es el comienzo del viaje, no el final. Es como el "¡encendido!" en el despegue de un cohete; el siguiente paso es comenzar a moverse.

Su hijo necesita saber que seguir a Jesús conlleva fe *y* acción. El Padrenuestro es un buen lugar para comenzar.

Cuando los discípulos de Jesús le pidieron que les enseñara a orar, Él respondió con unas palabras que han llegado a conocerse como el Padrenuestro. En él, Jesús nos enseña no sólo a orar, sino también a vivir: santificando el nombre de Dios, trabajando para la llegada de su reino y siguiendo su voluntad.

Ya sea que su hijo conozca o no el Padrenuestro, puede usted usarlo para mostrarle que en la familia de Dios intentamos vivir aquello por lo que oramos. Incluso si su hijo no ha hecho aún esa oración de "¡encendido!", este Tiempo en familia puede darle un cuadro más amplio de lo que se trata una relación con Dios.

## 1. DESPEGUE:
### Comienzo

Como familia, jueguen al juego de "Mamá, ¿puedo?".

"Mamá" (el papá puede hace fácilmente este papel) está de pie en un extremo de la habitación. Todos los demás quedan de pie en el otro lado. Cada jugador (aparte de "Mamá") tiene un turno para pedir permiso para avanzar en un número concreto de pasos de bebé, pasos de gigante o saltos de conejo.

Mamá responde, "Sí" o "No, pero puedes dar [número] pasos de bebé [o pasos de gigante, o saltos de conejo]".

Sin embargo, esta instrucción no es suficiente para hacer que el jugador se mueva. El jugador debe obtener permiso preguntando: "Mamá, ¿puedo?".

Si Mamá dice: "Sí, puedes", el jugador se mueve. Si Mamá dice: "No, no puedes", el jugador se queda quieto. Un jugador que olvide pedir permiso vuelve a la línea de salida.

Después de haber jugado así una o dos rondas, dígales a los jugadores que para el resto del juego sólo pueden pedir saltos de conejo o pasos de bebé, pero no pasos de gigante. Cuando un jugador pida saltos de conejo o pasos de bebé, diga: "Sí". Las peticiones de pasos de gigante obtienen un "No" automáticamente.

Cuando hayan terminado de jugar, diga algo como lo siguiente.

**Cuando me pedían las cosas que quería que me pidieran, siempre decía "Sí", ¿verdad? Yo les enseñé por qué cosas pedir, y eso les enseñó lo que hacer.**

**Cuando Jesús nos dio la oración del Padrenuestro, nos enseñó qué pedirle a Dios. Eso nos enseña qué hacer cuando somos parte de la familia de Dios.**

## PLAN DE VUELO ALTERNATIVO:
### Opciones para edades de 8 a 12 años

*Lo que necesita:*
* *un premio (opcional)*

¿Son sus hijos demasiado mayores para jugar a "Mamá ¿puedo?"? Envíelos a buscar cosas que representen formas de comunicarse.

Por ejemplo, una agenda de teléfonos podría simbolizar telefonear; un teléfono celular podría representar mensajes de texto; sellos postales podrían representar escribir una carta; un teclado de computadora podría simbolizar email o mensajes instantáneos; una Biblia podría representar libros; una cámara de video podría representar una videoconferencia; un reproductor de MP3 podría representar videos por computadora; un micrófono podría representar una conversación normal. Establezca un límite de tiempo de cinco minutos y vea quién puede reunir más símbolos. Si quiere, entregue un premio al ganador.

Luego pregunte: **¿Qué podrían usar para representar la oración?** (Quizá el símbolo de las "manos juntas", o sus rodillas, o una cadena [como las "cadenas de oración"].)

Note que cuando Jesús nos dio el Padrenuestro, nos enseñó no sólo cómo comunicarnos con Dios, sino también cómo vivir en formas que agraden a Dios.

## 2. EXPLORACIÓN:
### Descubrir la verdad

*Lo que necesita:*
* *Biblia*
* *tres hojas de papel*
* *rotuladores o ceras*
* *grapadora*

Ponga tres hojas de papel juntas y dóblelas por la mitad para crear un libro en blanco. Grape por el doblez para que las páginas queden unidas.

Ayude a su hijo a convertir las páginas en un libro de dibujos sobre el Padrenuestro. Primero, escriba "El Padrenuestro" en la portada. Luego escriba una frase de la oración en cada página dentro del librito, copiándola de Mateo 6:9-13. Si su iglesia usa la siguiente conclusión, añádala también: "Porque tuyo es el reino, y el poder, y la gloria, por todos los siglos. Amén".

**PLAN DE VUELO ALTERNATIVO:**
**Opciones para edades de 8 a 12 años**

A menos que su hijo más mayor sea autor o ilustrador en ciernes, quizá no se emocione creando un libro. Siga con la idea del "Padrenuestro", pero intente una de estas alternativas y muéstresela al resto de la familia:

- Haga una presentación de PowerPoint usando gráficos que encuentre online.
- Use una cámara de video para hacer un video.
- Haga una serie de diapositivas usando una cámara digital.

Si su hijo no es suficientemente mayor para escribir sin frustrarse, hágale usted la escritura.

Luego, júntense en equipo para ilustrar cada página. Use este tiempo para hablar sobre lo que significa cada parte de la oración. Aquí tiene algunas explicaciones que puede usar:

- *Padre nuestro que estás en el cielo.* (Podemos acudir a ti porque somos parte de tu familia.)
- *Santificado sea tu nombre.* (Que la gente santifique tu nombre, tratándolo de manera especial por ser quien eres.)

- *Venga tu reino.* (Queremos que reines en todo lugar.)
- *Hágase tu voluntad en la tierra como en el cielo.* (Que la gente te obedezca completamente.)
- *Danos hoy nuestro pan cotidiano.* (Por favor, suple nuestras necesidades de comida y otras cosas.)
- *Perdónanos nuestras deudas.* (Por favor, perdónanos por desobedecerte.)
- *Como también nosotros hemos perdonado a nuestros deudores.* (Nosotros perdonamos a los que nos han causado algún mal.)
- *Y no nos dejes caer en tentación.* (Por favor, ayúdanos a no desobedecerte.)
- *Sino líbranos del maligno.* (Protégenos de los planes del diablo.)
- *Porque tuyo es el reino, y el poder, y la gloria por todos los siglos. Amén.* (Tú eres el Rey de todo y de todos. ¡Que así sea!)

## 3. REENTRADA:
### Hacer entender la verdad

*Lo que necesita:*
- *El libro que hicieron usted y su hijo*

Para ayudar a su hijo a recordar el Padrenuestro, use el libro que hicieron. Léalo en voz alta página a página, sin decir una de las palabras clave en cada página. Por ejemplo: "_____ sea tu nombre". Vea si su hijo puede acordarse de la palabra omitida.

Si su hijo sabe leer, déjele que compruebe su memoria de la misma forma.

## PLAN DE VUELO ALTERNATIVO:
### Opciones para edades de 8 a 12 años

*Lo que necesita:*
- *fichas*
- *rotulador*

Si su hijo mayor no ha memorizado el Padrenuestro, esta es una manera divertida de hacerlo. Trabajen juntos para escribir la oración en fichas, una palabra por ficha. Reúna las fichas, barájelas y suéltelas en el piso o la mesa. A ver lo rápido que su hijo puede ponerlas en orden.

Luego vuelva a barajar las fichas y vea si puede superar el tiempo de su hijo. Si es posible, intente una ronda más para cada uno para ayudar a su hijo a memorizar la oración.

## 4. AMERIZAJE:
### Aplicar lo que han aprendido

Para ayudar a su hijo a conectar el Padrenuestro con las acciones cotidianas, use preguntas como las siguientes, adaptándolas como sea necesario para que sean apropiadas para la edad de su hijo y sus experiencias con los conceptos bíblicos.

**¿Cómo pueden mostrar respeto por el nombre de Dios? ¿Es más difícil de hacer en algunos lugares que en otros?**

**¿Qué creen que significa que venga el reino de Dios? ¿Cómo puede nuestra familia ayudar a que eso ocurra?**

**¿Qué cosa creen que Dios quiere que hagan? Si no quisieran que la voluntad de Dios se hiciera en esa área, ¿cómo serían sus acciones?**

**¿Qué grado de dificultad tiene ser agradecido por nuestro "pan cotidiano" cuando tenemos** _____ [nombre una comida que a su hijo no le guste] **para cenar? ¿Qué creen que Dios quiere que hagan en esta situación?**

¿Hay alguien con quien estén enojados ahora mismo? ¿Qué ocurriría si Dios les hubiera perdonado exactamente como ustedes han perdonado a esa persona?

¿Con qué tentación necesitan la ayuda de Dios especialmente para resistirla mañana?

Si su hijo se siente cómodo con la idea, considere dejarle que guíe a la familia en la oración del Padrenuestro en la mesa un día de esta semana.

## PLAN DE VUELO ALTERNATIVO:
### Opciones para edades de 8 a 12 años

Rete a los niños mayores a escoger una parte del Padrenuestro en la que necesiten trabajar especialmente en esta semana. Use sus respuestas a la pregunta en la sección de "Amerizaje" para ayudarlos a escoger.

Por ejemplo, si insinuaron que decir el nombre de Dios en vano es una tentación, podrían enfocarse en "Santificado sea tu nombre". O si quejarse por una comida en particular es un problema, podrían concentrarse en ser más agradecidos por lo que Dios provee.

## APERITIVO ESPACIAL

*Lo que necesita:*
- *aperitivos "cotidianos" (ver debajo)*

Si quisiera reflexionar sobre la porción de nuestro "pan cotidiano" del Padrenuestro, pruebe a servir uno de los siguientes:
- tortillas de harina con miel o salsa
- galletas y mermelada
- palitos con canela y azúcar
- rollos y queso derretido para mojar en ellos

# A LO QUE SE PARECE EL AMOR

**CONTROL DE MISIÓN:**
**Hacia donde se dirige**

Usted ayudará a su hijo a entender y aplicar la verdad de que Dios quiere que amemos a otros.

**CUENTA ATRÁS:**
**Prepararse**

00:00:01

Ha estado guiando a su hijo a conocer y amar a Dios, pero el escritor de 1 Juan nos dice que si no amamos a los demás, realmente no amamos a Dios (1 Juan 4:20). Este es un buen momento para que su hijo conozca que tener una relación con Dios significa, entre otras cosas, amar al prójimo.

¡Eso es hablar de un mandamiento práctico! Su hijo puede ver lo que significa "amar al prójimo". Compartir con sus amigos; obedecer a sus padres; llevarse bien con sus hermanos y hermanas, aun cuando "no es justo".

Si quiere un mandamiento que su hijo pueda practicar de inmediato según sale de la lanzadera de fe, ¡éste es! Lo mismo ocurre si quiere una cualidad que usted puede modelar diariamente. La mejor manera de enseñarlo es con la palabra y el ejemplo.

## 1. DESPEGUE:
### Comienzo

*Lo que necesita:*
- *Biblia*
- *Peluches, muñecas, figuras de juguete*
- *Disfraces (opcional)*
- *Cámara de video (opcional)*

Explique que va a leer una historia de la Biblia y que su hijo y el resto de la familia tendrán que actuar. Asigne a los miembros de la familia (y los peluches, muñecas o figuras de juguete) los siguientes papeles:

- viajero
- ladrón
- sacerdote
- levita
- buen samaritano
- burro (opcional)
- posadero (opcional)

Lea la historia del buen samaritano en Lucas 10:30-37 en una versión fácil de entender mientras los miembros de la familia representan (y manipulan los peluches, muñecas y figuritas de juguete).

Si tiene una cámara de video, puede grabar la "representación". Luego véanla mientras discuten las preguntas de la siguiente sección.

## 2. EXPLORACIÓN:
### Descubrir la verdad

*Lo que necesita:*
- *Biblia*

- *Los personajes (miembros de la familia y juguetes) de la sección "Despegue".*

Explique que Jesús contó la historia del buen samaritano para mostrar cómo deberíamos actuar con la gente. Señale a la persona (o juguete) que representaba al ladrón y pregunte: **¿Es así como Jesús quiere que tratemos a los demás?**

Repita con los personajes que representan al sacerdote, al levita y al buen samaritano.

Luego pregunte: **¿Por qué tratar a la gente como Jesús quiere? ¿Por qué no hacerlo como nos apetezca?**

Según sea necesario, señale que parte de estar en la familia de Dios significa seguir a Jesús. Lea lo que Él dijo en Juan 14:15: **"Si ustedes me aman, obedecerán mis mandamientos".**

### PLAN DE VUELO ALTERNATIVO:
#### Opciones para edades de 8 a 12 años

Los niños más mayores pueden entender que somos falsos si decimos que amamos a Dios y no amamos a los demás. Pida a su hijo que lea 1 Juan 4:20: **"Si alguien afirma: 'Yo amo a Dios', pero odia a su hermano, es un mentiroso; pues el que no ama a su hermano, a quien ha visto, no puede amar a Dios, a quien no ha visto".**

Pregunte: **¿Qué personas de la historia del buen samaritano probablemente hubieran dicho que amaban a Dios? ¿Les hubieran creído ustedes? ¿Por qué o por qué no?**

### 3. REENTRADA:
#### Hacer entender la verdad

Desafíe a su hijo a inventar por diversión un código secreto: un lenguaje que sólo él o ella entiendan. Puede usar palabras reales o inventadas, ruidos raros e incluso golpecitos en una mesa.

Luego pida a su hijo que "diga" los siguientes mensajes en este nuevo código:

- "Tengo hambre".
- "Juan y María subieron la colina para ir a buscar un cubo de agua".
- "Te amo".

Pida a su hijo que le enseñe cómo decir "Te amo" en ese código. Luego diga algo como: **¡Esa es una forma extraña de decirme que me amas! Y se me ocurren otras formas extrañas de decir eso. Voy a leer una lista de cosas que una persona puede hacer. Si creen que una acción muestra amor, "suban sus pulgares". Si creen que no, "bajen sus pulgares".**

- **Robarle el sándwich a otra persona de la nevera**

 ## PLAN DE VUELO ALTERNATIVO:
### Opciones para edades de 8 a 12 años

*Lo que necesita:*
- *papel*
- *pluma*

A su hijo mayor podría gustarle el desafío añadido de inventar un código secreto que realmente pueda usarse para una conversación. Haga que él o ella escriban las letras del alfabeto en un papel y asignen un símbolo o una letra distinta a cada una de ellas. Su hijo puede usar este código para escribir los mensajes que usted lea, incluyendo el "te amo".

- **Reírse del corte de cabello de otra persona.**
- **Pintar un bigote en la muñeca favorita de una niña.**
- **Ignorar a un niño que se escurrió y se cayó en un charco helado.**

Luego diga algo como: **¿Cómo saben que estas cosas no serían una buena manera de decir "Te amo"?** (Herirían a la otra persona; yo no quisiera que alguien me las hiciera a mí; Jesús no las haría.)

## 4. AMERIZAJE:
### Aplicar lo que han aprendido

*Lo que necesita:*
- *Peluches, muñecas o figuritas de juguete*

Reorganice los juguetes que usaron para ayudarse a representar la historia del buen samaritano. Pida a su hijo que use las figuras para mostrar cómo Jesús *no* quiere que

## PLAN DE VUELO ALTERNATIVO:
### Opciones para edades de 8 a 12 años

Si su hijo más mayor no se entusiasma con la representación con muñecos, pídale que "dirija" (a los demás miembros de la familia y a usted) en situaciones como las siguientes, mostrando lo que Jesús quisiera y no quisiera que hiciéramos.

- Tu hermano tiene que dar de comer al gato, pero no se siente bien.
- Tu hermana olvidó algunas frases en su obra en la iglesia, y está tan avergonzada que se ha encerrado en su cuarto.
- Un nuevo estudiante está siendo intimidado por uno de los miembros de una banda detrás de la escuela.

Actuemos —y luego para mostrar cómo Jesús sí quiere que actuemos— en situaciones como las siguientes.

- Dos niños quieren la misma pelota de playa.

- Mamá le pide a uno de sus hijos que ponga la mesa.
- Un hermano menor quiere jugar contigo cuando tienes un amigo en casa.

Para cerrar este último Tiempo en familia, asegúrese de que su hijo entienda que amamos a otros porque Dios nos amó primero (1 Juan 4:19), no porque estamos intentando hacer que Dios nos ame. Amar a otros no nos hace ser parte de la familia de Dios; la vida eterna con Él es un regalo para los que creen en Jesús.

Si su hijo no ha expresado aún esta creencia, este podría ser un buen momento para darle otra oportunidad. Si su hijo no quiere depositar su fe en Jesús, sea paciente y siga orando; confíe en que responderá a la llamada de Dios más adelante.

Independientemente de la respuesta de su hijo, siga incluyendo una dimensión espiritual en los tiempos que pasan juntos como familia. Ya sea a través de acontecimientos familiares planeados o de momentos improvisados, siga reafirmando a su hijo en su amor, en el amor de Dios y en la aventura que les espera a todos los que aceptan su invitación para unirse a su familia.

 ## APERITIVO ESPACIAL

*Lo que necesita:*
- *ingredientes para dos docenas de brownies o galletas*
- *lata decorativa*

Pueden disfrutar de unos aperitivos, y mostrar amor a alguien más. Usando una mezcla para ahorrar tiempo, deje que su hijo le ayude a hacer dos docenas de brownies o galletas. Divida la hornada en dos mitades. Ponga la mitad en una lata decorativa; llévesela a alguien en su vecindario que usted sepa que le gustará el regalo. Si es posible, deje que su hijo haga la presentación.

Cuando lleguen a casa, comparta con su familia el resto del aperitivo.

# PARTE III

# DAR RESPUESTA A LAS PREGUNTAS DE SU HIJO SOBRE LA FE[1]

**T**an cierto como que el amerizaje sigue al despegue, las preguntas van a surgir a medida que usted ayuda a lanzar la fe de su hijo:

- "¿Por qué Dios no perdonó a todos en lugar de enviar a su Hijo a morir por nosotros?"

- "Si Dios es tan poderoso, ¿por qué no responde a mi oración para sanar al abuelo?"

- "Ahora que conozco a Jesús, ¿cómo debo seguirle?"

El resto de este libro está dedicado a ayudarle a responder a esas preguntas. Encontrará cosas que *decirle* a su hijo, y cosas que *hacer* que le ayudarán a ilustrar sus palabras. Algunas respuestas y actividades están pensadas para niños más pequeños, y algunas para más mayores. Como usted conoce mejor a su hijo, sabrá cuáles escoger, y cuáles adaptar.

Para más respuestas, busque en los siguientes recursos:

- *801 Questions Kids Ask about God* por Dr. Bruce B. Barton, Jonathan Farrar, James C. Galvin, Daryl J. Lucas, Rick Osborne, David R. Veerman y Dr. James Wilhoit (Tyndale House Publishers/Focus on the Family, 2000), para usar con niños más pequeños.

- *Firme* por Alex McFarland (Zondervan-Vida, 2007), para niños con más edad y adolescentes.

# TEMA 1

# DIOS

**P**: ¿Cómo sabemos que Dios es real?

¿Realmente existe Dios? El apóstol Pablo señaló que el mundo que Dios creó muestra de forma obvia que Él existe. Usted puede ayudar a sus hijos a entender que nuestro hermoso, increíblemente complicado y sorprendentemente interrelacionado universo refleja claramente la mano del Creador.

"Lo que se puede conocer acerca de Dios es evidente para ellos, pues él mismo se lo ha revelado. Porque desde la creación del mundo las cualidades invisibles de Dios, es decir, su eterno poder y su naturaleza divina, se perciben claramente a través de lo que él creó, de modo que nadie tiene excusa" (Romanos 1:19-20).

Comience con la suposición de que sus hijos ya piensan que Dios es real y edifique sobre su creencia. Cuando hagan preguntas, suponga que preguntan por curiosidad y un deseo de conocer y no por escepticismo. Quieren que su fe se refuerce, así que haga de estos principios una cosa práctica, un añadido reconfortante para su fe.

Dé a sus hijos buenas razones para creer; comparta con ellos los siguientes aspectos de la creación, incluyendo algunas cosas que se hallen en nosotros mismos, que muestran la mano de Dios:

1. *El método*. Las cosas caen hacia abajo, nunca hacia arriba. El agua hierve cuando se le añade calor. La madera arde. Cada día el sol sale y se pone. El mundo es tan predecible y ordenado que los científicos pueden establecer leyes sobre él. Esto no pudo ocurrir por casualidad. ¡Tiene sentido creer que Dios lo diseñó todo!

2. *La belleza.* Desde los recién nacidos a las plantas de capuchina, el mundo está lleno de belleza. ¿Por qué? No hay razón para la belleza a no ser para dar placer. ¿Por qué "evoluciona" algo que no tiene ninguna función? Sólo Dios haría algo exclusivamente para el disfrute.

3. *La idea de Dios.* Mientras ha habido personas, han creído en Dios o dioses. ¿De dónde surgió esta idea? Dios lo puso en la gente. Él hizo que los seres humanos supieran que Él es real; y hasta las personas que dicen no creer en Dios a menudo acuden a Él cuando tienen problemas. Estamos hechos para necesitar algo o Alguien aparte de nosotros mismos: Dios.

4. *El bien y el mal.* Escuche cuando las personas discuten y oirá: "¡Pero lo prometiste!"; "no es justo". La gente piensa que las promesas se deben cumplir, y que la justicia es importante. ¿Cómo es que todo el mundo sabe esto? Porque hay una ley o regla insertada en nosotros que así lo afirma. La conciencia nos avisa cada vez que rompemos esta "regla". ¿De dónde salió esta ley? De Dios, que hizo el bien y el mal, y a la gente.

# P: ¿Cómo es Dios?

Dios creó a los seres humanos a su imagen (Génesis 1:26-27); por tanto, sus hijos son como Él en cierta medida. Les puede decir a sus hijos que, al igual que ellos, Él siente emociones como la tristeza, la ira y el gozo; Él también se ríe, habla, piensa, hace cosas y forma amistades. Conocer su "semejanza con Dios" es importante para sus hijos porque les permite saber que Dios les entiende y que también puede ayudarlos. También hace que Dios sea más real para ellos: más fácil de creer en Él, relacionarse con Él y hablar con Él (Hebreos 2:14, 18).

Estas son algunas formas de aclarar estos puntos con sus hijos:

- Haga una exhibición familiar de talentos. Deje que cada niño demuestre una habilidad: cualquier cosa desde tocar el piano a poner caras divertidas. Después, hable sobre los "talentos" de Dios. ¿Cuáles nos ha "transferido" a los seres humanos? ¿Cuáles se ha reservado para Él?

- Durante la siguiente comida, haga que Dios sea su huésped. Incluso puede reservar un sitio para Él como recordatorio para sus hijos de que Él siempre está ahí. Mientras se ríen juntos, den gracias a Dios por la diversión. Cuando mencione lo orgulloso que está de sus hijos, dígales que Dios también lo está. Cuando ellos hagan chistes, recuérdeles que Dios también tiene sentido del humor.

- Llévese a comer fuera a sus hijos individualmente, a cenar, a jugar al minigolf u otra actividad. Mientras habla y escucha, afirme su interés en las vidas de sus hijos. Luego dígales que Dios también disfruta de ellos. Recuérdeles que Dios está pensando en ellos y que le gusta estar con ellos.

Aunque somos creados a imagen de Dios, ciertamente no somos sus iguales. Deje que sus hijos sepan que, contrariamente a nosotros, Dios puede hacer cualquier cosa, saber cualquier cosa y estar en cualquier lugar. Nada es demasiado difícil para Él ni demasiado pequeño para no importarle; no hay nada que no entienda; no hay lugar que esté fuera de su alcance (Jeremías 23:24; 32:17; Mateo 10:30; Mateo 19:26; Salmo 147:5). Entender estos principios ayudará a sus hijos a confiar en Dios cuando el mundo parezca confuso, aterrador o fuera de control. Para ayudar a sus hijos a entender estos conceptos, intente lo siguiente:

- Los niños más pequeños están empezando a descubrir la inmensidad de la creación de Dios. A menudo desarrollan un interés en el sistema solar, los volcanes, los dinosaurios, el mundo submarino y otras grandes cosas que Dios creó. Busque libros en una biblioteca y videos que describan el increíble tamaño de Júpiter, las impresionantes distancias entre las estrellas, la profundidad de los mares. Miren juntos los mapas y globos que muestran lo grandes que son los países y los continentes. Mientras lo hace, hablen de lo poderoso que debe ser Dios para crear cosas tan gigantescas.

- Asegure a sus hijos que pueden pedirle a Dios cosas grandes. Él puede hacer cualquier cosa. Dar a entender que hay algunas peticiones que no deberían hacer provoca duda y mina su confianza. *¿Pero qué ocurre si mis hijos quieren que nieve en medio del verano?* se podría preguntar. ¡Déjeles que lo pidan! Necesitan aprender a acudir a Dios para todo, y confiar en que Él hará lo que sea mejor. Explique que a veces eso significa que su respuesta será no; como a veces usted también dice no a cosas que no son buenas para ellos, porque no es el momento oportuno o porque tiene un plan mejor.

Dios es —entre otras cosas— verdadero y honesto, amante y compasivo, generoso y desinteresado, perdonador y misericordioso, confiable y fiel, justo e imparcial, y santo. Para ayudar a sus hijos a recordar los rasgos del carácter de Dios, use actividades como las siguientes:

- Anímeles a inventar un símbolo visual para cada rasgo; por ejemplo, el martillo de un juez para la justicia y la imparcialidad, y una pastilla de jabón para la santidad (pureza). Haga que los dibujen en un poster, o úselos en un juego de adivinar, para ver si los miembros de la familia pueden adivinar lo que representan los símbolos.

- A medida que enseña a sus hijos cómo es Dios, ayúdelos a ver pequeñas formas en que pueden desarrollar algunos de estos rasgos de carácter. Por ejemplo, quizá un niño quiera reflejar la generosidad de Dios dejando que un hermano lea primero su revista favorita cuando llegue en el correo. Anime a los niños a comprometerse a realizar una acción específica en un día concreto.

### P: ¿Hay un sólo Dios o son tres?

Sólo hay un Dios (Isaías 43:10; 44:6). Oír esto pueden ser buenas noticias para los niños. Les da la seguridad de saber que las "reglas" no cambiarán y la esperanza de poder relacionarse directamente con Él.

Al mismo tiempo, Dios existe en tres personas: Padre, Hijo y Espíritu Santo. Esto se llama la "Trinidad" o "Tres en uno". Dios es un todo: Uno. Esto significa que no lo podemos dividir en partes. Al mismo tiempo, Él es tres personas. El bautismo de Jesús es un claro ejemplo de esto: Jesús estaba en el agua, el Padre habló desde el cielo, y el Espíritu descendió en forma de paloma (Mateo 3:16-17).

Explique que las tres personas tienen tareas diferentes:

- El Padre es el origen de todo. Él envió a su Hijo. (Ver Juan 5:37; 1 Corintios 8:6.)

- El Hijo, Jesús, cuando estaba en la tierra, mostró quién y cómo es Dios. Él es su ejemplo y modelo a imitar. Él murió para salvarte de tus pecados, y al final Él juzgará a todos. (Ver Juan 5:22; Romanos 5:8; 8:34; Hebreos 1:3.)

- El Espíritu Santo te ayuda a conocer a Dios y a crecer como hijo suyo. Él te guía a la vida que Dios ha planeado para ti. Él está contigo, te enseña y te da dones para ayudarte a hacer lo que Dios quiere. (Ver Juan 14:16-17, 26; 1 Corintios 12:4; 2 Tesalonicenses 2:13.)

## P: ¿Cuándo comenzó Dios?

Dios es eterno. Él creó el tiempo junto con todo lo demás, así que no puede tener ningún efecto sobre Él.

¿Qué significa eso? ¡Dios nunca tiene prisa! Sus hijos no tienen que preocuparse nunca de que a Dios se le vaya a agotar el tiempo; o desaparecer. Él siempre está cerca; siempre es y siempre será (Hebreos 1:11; Apocalipsis 1:8).

Nada existe fuera de Dios. Él no sólo lo hizo todo, sino que lo mantiene funcionando. Él es el origen final de todo (Hechos 17:28; Hebreos 2:10).

Para reforzar estos principios, intente lo siguiente:

- Diga a sus hijos que las cualidades de Dios encajan todas. Por ejemplo, si Dios es el único Dios pero no es eterno, entonces algo pudo existir cuando Él no estaba; posiblemente, otros dioses. O si Dios no lo sabía todo, ¿cómo podría crear todo? ¡Habría cosas que no sabría cómo hacer! O bien Dios es todas estas cosas o ninguna de ellas.

- Señale que a veces intentamos meter a Dios en una caja, para hacerlo pequeño, seguro y completamente comprensible, pero necesitamos quitar a Dios todos los límites; ¡no existe ninguno! Haga que sus hijos recorran la casa en busca de varias cajas: cajas de zapatos, cajas grandes de cartón, cajas de paquetes, cajitas de joyería. Ponga todas las cajas en el piso y pregunte: "¿En cuál de estas cajas podríamos meter a Dios? ¿Por qué intentaría alguien meterlo en una caja?". Explique que aunque Dios quiere ser nuestro amigo, no podemos "domesticarlo", convertirlo en una "mascota" o controlarlo. Él siempre será más grande y poderoso de lo que nuestras palabras podrían describir. Podemos esperar que la vida con Él esté llena de sorpresas, ¡que nos quedemos pasmados!

# P: ¿Cómo se siente Dios conmigo?

Los niños necesitan entender lo que significa que "Dios es su Padre amoroso" en la práctica. Probablemente, usted ya está demostrando que cada papá o mamá amoroso quiere cuidar de sus hijos, guiarlos, protegerlos, enseñarlos, ayudarlos a crecer fuertes y sabios, vestirlos y alimentarlos, darles consejo, ayudarlos con los deberes y mucho más.

Explique a sus hijos que Dios, su Padre celestial, también quiere todo esto para ellos (Santiago 1:17; 1 Juan 3:1). Él los creó porque quiere tener una relación de amor con ellos. Al dejar claro que Dios es amoroso, los niños le verán accesible y querrán acercarse a Él.

Estas son algunas actividades que refuerzan estos principios:

- Cuando su hijo necesite algo, involucre a Dios en la ecuación siempre que sea posible. Por ejemplo, si su hijo le pide un vaso de leche, podría mencionar lo maravilloso que es el hecho de que Dios creara las vacas, y que ayudara a la gente a hacer granjas de productos lácteos y tiendas de alimentos. Si su hijo está preocupado por una mascota enferma o le cuesta mucho romper un mal hábito, oren por ello juntos.

- En ocasiones de regalar —Navidades y cumpleaños, por ejemplo— recuerde a sus hijos que cada cosa buena procede de Dios y que Él disfruta dándoselo. Esto no significa que no reconozcamos a las personas que hacen regalos; podemos enviarles oraciones y notas de agradecimiento.

- Cuando sus hijos estén enfermos o lesionados, asegúreles que Dios se preocupa, aunque Él no responda a las peticiones de sanidad en ese momento. Quizá puede contarles la historia de cómo Jesús no sanó a Lázaro inmediatamente, cómo Jesús lloró cuando vio lo duro que fue la muerte de Lázaro para sus amigos, y cómo Jesús finalmente resucitó a Lázaro (Juan 11:1-12:19).

Dios se preocupa no sólo de cómo son sus hijos ahora sino también de cómo serán más adelante. Él se preocupa por lo que van a hacer con sus vidas. Asegúreles que son especiales para Dios, y que Él tiene un plan para sus vidas que les encaja perfectamente (Salmo 139:14-16; Efesios 2:10). Estas son algunas maneras de comunicar esta idea:

- A la mayoría de los niños les encanta escuchar historias sobre cómo eran cuando nacieron y de

lo que hacían cuando eran bebés. Cuando hable
de cosas que ocurrieron en torno al nacimiento
de sus hijos, incluya la participación de Dios en
la historia. Él no fue un Padre ausente, sino que
estaba allí, involucrado en su creación y esperando
deseosamente la llegada de él o ella a su mundo.

- Tome un tiempo para soñar con el futuro de sus
  hijos. Pregunte: "¿Qué les gustaría hacer cuando
  sean mayores? ¿Cómo podrían ayudar a otros de
  una manera en que quizá nadie más podría?".
  Siembre la idea de que Dios tiene un plan para
  ellos. Recuérdeles que Dios quiere que sean todo
  lo que pueden llegar a ser, y que Él les ayudará a
  alcanzarlo.

- Puede ayudar a sus hijos a saber que tanto usted
  como Dios los quieren, que están emocionados
  de que estén en el mundo. Puede recordarles esto
  en cualquier momento, pero los cumpleaños son
  un momento especialmente bueno para hacerlo.
  Cuando diga: "¡Estoy muy contento de que nacieras!", mencione que Dios también está contento.

**P**: ¿Cómo sabemos que Dios creó el mundo?

Sus hijos han de saber que tener una visión bíblica de la creación es razonable y está basada en la evidencia. Estos son sólo
unos datos edificantes que puede compartir con ellos:

1. Los evolucionistas generalmente suponen que las
   criaturas unicelulares evolucionaron lentamente
   hasta convertirse en peces que reptaron hasta llegar
   a tierra y finalmente evolucionaron hasta convertirse en seres humanos. Pero aunque la tierra tuviera
   cuatro mil millones de años de antigüedad, como

dicen los evolucionistas, muchos científicos comprenden que ese periodo de tiempo no es ni mucho menos suficiente para que las criaturas unicelulares se desarrollen. Aun con tiempo suficiente, las probabilidades de que todas las partes de una criatura unicelular se juntaran por sí solas de la forma correcta para formar la vida son de 1 entre 1,060 a 1 entre 1,040,000. ¿Y qué decir de los seres humanos, hechos de millones de células y muchos sistemas intercomunicados? ¡Las probabilidades son imposibles de calcular!

2. Todavía no hay una evidencia sólida de criaturas en transición entre los reptiles y aves y entre simios y humanos. Los descubrimientos acerca del "eslabón perdido" han demostrado ser falsos. Algunos consideran que el hombre de Heidelberg, reconstruido partiendo de una mandíbula, es el eslabón perdido; pero los humanos totalmente desarrollados nativos de Nueva Caledonia tienen la misma mandíbula.

3. Algunos piensan que si no se puede demostrar científicamente la existencia de Dios, entonces Él no existe y debe de haber alguna otra explicación para el universo. Pero hasta la ciencia supone la existencia de partículas subatómicas que no se ven simplemente por los efectos que producen en su alrededor. ¿Acaso no es razonable creer que Dios existe cuando sus efectos son visibles a nuestro alrededor?

4. ¿Azar o creación? Como ninguno de nosotros estaba presente en el comienzo, es un asunto de fe en ambos casos. Todo el mundo cree en cosas "no demostrables"; algunas más razonables que otras. Según la evidencia, la fe en Dios parece al menos tan razonable como la otra alternativa.

Al intentar refutar falsas ideas acerca de Dios, recuerde tres consejos que pueden hacerle el trabajo más fácil:

1. A menos que ellos indiquen lo contrario, suponga que sus hijos están con usted, creyendo lo que les ha enseñado.

2. Evite alimentarlos a la fuerza. En su lugar, espere esos momentos en que los niños sienten curiosidad. Deles lo que puedan manejar y vuelva más adelante cuando estén listos para más.

3. Ayude a los niños a encontrar libros, videos y otros recursos que ofrecen evidencia para el punto de vista bíblico. No todas las respuestas tienen que venir directamente de usted. Si los niños tienen problemas para entender ellos solos los recursos, explórenlos juntos.

**P**: **¿Por qué la gente cree cosas diferentes acerca de Dios?**

A medida que sus hijos interioricen lo que usted les ha enseñado acerca de Dios, haciéndolo parte de su propio sistema de creencias, se irán dando cuenta de que no todas las personas creen lo mismo. Amigos, maestros, medios de comunicación: todo desafiará la relación de sus hijos con Dios y su entendimiento de quién es Él. Puede ayudarles a prepararse para esos ataques, a fin de que no les tomen por sorpresa, les confundan o engañen.

Sus hijos conocerán a personas que no creen en Dios, que creen cosas erróneas sobre Él, o que siguen diferentes religiones. Usted puede ayudarlos a entender por qué con una explicación como la siguiente:

"Algunas personas no quieren creen en Dios. Algunos han visto 'cristianos' que no actuaron como seguidores de Jesús, y piensan: *Si eso es lo que aporta creer en Dios, entonces no lo quiero.* Otros no quieren creer porque no les gusta que les digan lo que pueden o no pueden hacer. Les gusta hacer lo que les plazca y no quieren oír que lo que están haciendo no está bien. Aún otros simplemente no han oído de Jesús, o sus familias les han enseñado a creer en otras religiones. Podemos orar por ellos, y decirles por qué creemos lo que creemos".

A los niños les resultará fácil rechazar ideas como el ateísmo, pero podrían caer presa de otras distorsiones más sutiles sobre quién es Dios. Por ejemplo, puede que obtengan la impresión de que Dios es "el ojo del cielo", mirando y esperando que hagan algo mal, en lugar de ser alguien que está de su lado, disfrutando de ellos y ayudándolos a intentarlo de nuevo cuando se equivoquen.

O quizá podrían caer presa de la idea opuesta: que a Dios no le preocupa el pecado y que sólo quiere que la gente sea feliz.

Para ayudar a los niños a formar una visión bíblica equilibrada de Dios, siga llevándolos a lo que dice la Biblia sobre Él en versículos como Romanos 6:23; 2 Tesalonicenses 1:6; 1 Juan 4:8.

Explique por qué es importante creer lo que dice la Biblia sobre Dios. Por ejemplo, si Jesús no fuera Dios, no podría haber sido perfecto ni morir para pagar por nuestros pecados; hubiera tenido que pagar por su propio pecado. El resultado: no habría perdón ni vida en el cielo con Dios después de la muerte.

# TEMA 2
# LA BIBLIA

## P: ¿Por qué leer la Biblia?

¿Por qué necesitan sus hijos saber desde temprano que la Biblia es el libro de Dios? Porque será algo sumamente esencial para su relación con Él. Es un libro único en su género que sólo Dios podría haber escrito, ¡y lo escribió para usted y su familia!

Los niños también necesitan saber que el libro de Dios es verdad, y no sólo un libro de historias como otros libros que ellos lean o que les hayan leído. Salvo ciertas historias, como las parábolas, los acontecimientos de la Biblia ocurrieron realmente, y las personas en esas historias fueron reales.

Para ver lo que la Escritura dice sobre sí misma, lea pasajes como 2 Timoteo 3:16; Salmos 33:4; 119:160; Juan 5:39; 1 Tesalonicenses 2:13. Para estimular a su hijo a la lectura bíblica conforme va creciendo, intente lo siguiente:

- En cuanto sus hijos comiencen a ver los libros más sencillos, deles también libros sencillos de historias bíblicas. Déjeles ver su Biblia de "mayores" y las de los hermanos mayores, para explicarles lo que son y cuánto las disfrutan. Ayude a su hijo a querer hacerse mayor y poseer una Biblia que tenga más historias de Dios en ella.

- Cuando sea posible, escoja libros de historias bíblicas que lleven a su hijo desde el comienzo (la Creación y Adán y Eva) al final (la resurrección de

Jesús, el crecimiento de la Iglesia, y el regreso de Jesús), y que presenten a los principales personajes de la Biblia. Esto ayudará a los más pequeños a ver que la Palabra de Dios no es solamente una colección de libros de eventos y gente desconectados entre sí.

- Ayude a los más pequeños a entender la idea de historias "verdaderas" diciendo algo como: "Yo soy tu mamá (o papá), tú eres mi hijo, y vives en casa de mamá (o papá). Esto es una historia verdadera". Cuente un incidente reciente que tenga que ver con el hijo y explique que esa también es una historia verdadera. Esto preparará a los niños para entender lo que usted quiere decir cuando dice que la Biblia y las historias que hay en ella son verdaderas.

- Si puede contar historias bíblicas sin leerlas, ¡haga que la experiencia sea divertida! Deje que sus hijos añadan sonidos (zapatear el piso para los truenos, golpearse las rodillas para la lluvia, etc.). Incluya todo el drama y expresión de voz que pueda. ¡Los niños mayores en esta etapa quizá puedan también volver a contarle a usted esas historias!

- Para recordarles a sus hijos que una Biblia o un libro de historias bíblicas es diferente a los otros libros, trátelo de forma diferente. Antes de abrirlo, pruebe a pedirle a Dios que les ayude a usted y a sus hijos a entender lo que leen. Esto también servirá como un buen modelo más adelante a medida que ellos empiecen a leer la Biblia por sí mismos.

Una vez que sus hijos sepan que la Biblia es el libro de Dios, necesitarán aprender por qué Él se la dio. Dígales que a través de la Biblia pueden conocer al Dios que les ama tanto, y sobre su plan para ellos. Es su manual de instrucciones para la vida, preparado por el inventor de la vida mismo. Para hacer entender bien estos puntos, intente ideas como las siguientes:

- ¡Es una carta de amor! ¡Es una autobiografía! ¡Es un libro de historia! ¡Es una verdadera aventura! Refiérase a la Biblia de varias formas para que sus hijos puedan ver que tiene varios propósitos.

- Saque el manual de instrucciones de su reproductor de DVD, cámara u otro aparato electrónico. Explique que el libro le ayuda a saber cómo funciona mejor el aparato y cómo sacarle el máximo partido. Señale que la Biblia es nuestro manual de instrucciones para la vida, escrita por Aquel que nos creó.

- No importa cuántas Biblias o libros de historias bíblicas tenga en su hogar, asegúrese de que cada niño tenga una que sea de su pertenencia. Sus hijos necesitan Biblias o libros de historias bíblicas que sean "personales". Esto reforzará la idea de que el libro especial de Dios es para ellos.

- Si su libro de historias bíblicas no enlaza las historias, intente hacer esto por usted mismo según las lee. Ayude a los niños a entender el orden de las historias; por ejemplo, que Adán y Eva vinieron antes que Noé, el cual vino antes que Abraham, el cual vino antes que David, el cual vino antes que Jesús. Esto les ayuda a entender la historia general más amplia, y ocurre lo mismo a la hora de aprender los nombres y el orden de los libros de la Biblia.

- Los niños necesitan saber que, aunque la Biblia está compuesta de muchas historias, todas ellas

contribuyen a la gran y única historia del plan
de Dios para el mundo desde la creación hasta la
eternidad. Ese plan: hacer posible que nosotros
podamos ser sus hijos. Además de dar a sus hijos
un contexto para cada historia, esto les ayuda a
encontrar la manera de manejarse a través de la
Biblia, haciendo así que sea menos probable que se
intimiden cuando más tarde manejen una Biblia
"grande".

- ¿Tiene su hijo temor a algún gamberro de su escuela? Lean y discutan la historia de Daniel en el
foso de los leones (Daniel 6). ¿Es su hijo reacio a
perdonar a alguien? Hable de la parábola del siervo
despiadado (Mateo 18:21-35). Cuando sus hijos
batallen con el estrés o asuntos de carácter, recuérdeles historias bíblicas que puedan ayudarlos a
entender cómo Dios quiere que sean y se comporten
en esas situaciones. Esto reforzará lo relevante que
es la Palabra de Dios y que Dios se preocupa de
cómo se sienten ellos y de cómo actúan.

- Deje que sus hijos mayores sepan algún asunto con
el que usted esté luchando: controlar su tempera-
mento, ser generoso, confiar en Dios, etc. Muestre
a su hijo cómo puede buscar en la Biblia (comenzando con una concordancia) para encontrar
versículos que le ayuden en esa área. Deje que sus
hijos le vean escribir unos pocos versículos en algunas fichas, y colóquelas en lugares donde las vea
a menudo. Dé a sus hijos un reporte cada semana
más o menos de cómo la Palabra de Dios le está ca-
pacitando para progresar con su problema. Al final
del mes, ayude a sus hijos a realizar un proceso
parecido con dificultades a que ellos se enfrenten.

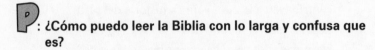 : ¿Cómo puedo leer la Biblia con lo larga y confusa que es?

Es importante saber cómo las historias de la Biblia encajan entre sí. Sin esto, a sus hijos les costará entender los acontecimientos y personajes de la Biblia o entender cómo las Escrituras como un todo señalan hacia Cristo.

Para ordenar las cosas, puede usar actividades como estas:

- Ayudar a los niños a entender el orden de los acontecimientos de la Biblia con el siguiente juego. Escriba al menos 10 de los principales acontecimientos (Creación, el Diluvio, el reinado de David, el nacimiento de Jesús, el ministerio de Pablo, etc.) en fichas, mézclelas y haga que los niños las ordenen correctamente. Cuando los niños hayan aprendido el orden de los princi-pales acontecimientos, haga lo mismo con otros acontecimientos (puntos álgidos del ministerio de Jesús, por ejemplo) y personajes.

- Intente una "búsqueda bíblica" usando una Biblia de niños o un libro de historias bíblicas. Diga el nombre de una historia ("Moisés y la zarza ar-diente", por ejemplo) y vea si los niños pueden encontrarla o no. Haga esto con varias historias, ayudando según sea necesario. Después de jugar al juego varias veces, los niños habrán mejorado en su entendimiento de cómo las historias encajan en la cronología de la Biblia.

- Para animar a los niños a empezar a escudriñar las Escrituras por ellos mismos, desafíelos a buscar ellos solos lo que dice la Biblia sobre una situación que estén afrontando: una difícil amistad por ejemplo, o una decisión sobre cómo gastar algún dinero. Si se atascan, ayúdelos. Cuando terminen, pídales que compartan con usted lo que hayan encontrado.

- Los nombres antiguos de los países y ciudades de la Biblia, aun cuando se ven en los mapas, parecen lugares imaginarios para los niños. Usando un atlas contemporáneo, señale esos lugares en mapas modernos. Babilonia, por ejemplo, parece algo muy, muy lejano, mientras que Irak parece mucho más actual.

**P: ¿Cómo sabemos que la Biblia es verdad?**

Enséñeles a sus hijos que la Biblia que tenemos es exactamente la que Dios quería darnos. Dios ha guardado la Biblia durante siglos para que lo que los cristianos tengan sea lo que Él quiere que tengan. Durante muchos cientos de años antes de la primera imprenta, las Escrituras se copiaban a mano: cuidadosamente. Podemos estar seguros de que es la Palabra de Dios para nosotros.

Al abordar este tema, suponga que sus hijos creen que la Biblia es la Palabra de Dios. Ofrecer evidencia simplemente anticipa las dudas y les prepara para la siguiente etapa. Si sus hijos quieren evidencia de la exactitud de la Biblia, comparte lo siguiente con ellos:

- Cuanto más antigua sea la copia que tengamos de algo, más precisa será; como fue copiada de escritos que estaban más próximos al original, hay menos probabilidades de que se cometieran errores. Hay más de 5,000 copias antiguas escritas a mano o partes de copias del Nuevo Testamento. La más antigua es parte del Evangelio de Juan, copiada sólo entre 20 y 70 años después de que Juan la escribiera. Imaginen, si

Juan tenía hijos o nietos, ¡ellos podrían haberla visto o tocado! También hay varios miles de fragmentos de copias del Antiguo Testamento, ¡y los teólogos tienen todo el Nuevo Testamento de sólo 300 años después de que se escribiera el último libro! Al comparar esos manuscritos con la Biblia de hoy, muestra que no ha cambiado de ninguna manera que afecte lo que creemos.

- Cuando los manuscritos de diferentes lugares y épocas dicen las mismas cosas, muestra que fueron copiados con exactitud. Hasta 1947, el fragmento más antiguo del Antiguo Testamento era de 800 años después de Jesús, pero los rollos del Mar Muerto se descubrieron ese año, los cuales incluían una copia de Isaías de alrededor de 200 años antes de Jesús —mil años más antiguo que la copia más antigua que teníamos— ¡y los dos son casi exactamente iguales!

- Las historias sobre Jesús, los Evangelios, se escribieron menos de 50 años después de que ocurrieran los hechos. Mucha gente que había estado ahí en ese tiempo, o sus hijos (que probablemente oyeron las historias tropecientas veces), todavía estarían vivos. Si las historias no eran correctas, ¡ellos lo hubieran dicho!

- Para hacer entender lo increíbles que es la exactitud de la Biblia, haga que sus hijos copien varios versículos a mano. Es fácil que cometan uno o dos errores, ¡y eso sólo en una corta sección!

- Dios usó a más de 40 personas para ayudarle a escribir los 66 libros de la Biblia. Usó sus personalidades, sus formas de hablar, culturas y experiencias para escribir exactamente lo que Él quería que tuviéramos. Algunas de las personas que Dios usó eran ricas, otras pobres. Había reyes, poetas, profetas, generales, sacerdotes, granjeros, pastores, pescadores, prisioneros; incluso un doctor y un político. Vivieron durante un periodo de 1,500 años, en tres continentes, y hablaban diferentes lenguas, ¡y aun así, todos concordaban sobre la vida, Dios, y el bien y el mal! Sin Dios supervisando este proceso, hubiera sido imposible.

- A lo largo de los años, muchos han dudado de la Biblia. Como no tenían otras fuentes que hablaran sobre algunas de las cosas de la Biblia, dijeron que la Biblia estaba equivocada. Luego, los arqueólogos comenzaron a estudiar las cosas antiguas para aprender sobre el pasado, y encontraron evidencias que confirmaban lo que decía la Biblia. Estas son sólo dos cosas que la gente dudaba y lo que luego descubrieron:

*Lo que pensaban:* Moisés no pudo haber escrito los primeros libros de la Biblia (Deuteronomio 31:24) porque, cuando él vivió, nadie sabía cómo escribir aún. *Lo que descubrieron:* Una roca esculpida de 300 años antes de Moisés con leyes escritas en ella, conocida como "Black Stele"; tablas de la ciudad excavada de Ebla, escritas mil años antes de Moisés; muchos otros escritos antiguos.

*Lo que pensaban:* Poncio Pilato no era una persona real. Si lo hubiera sido, no hubiera sido llamado el "Prefecto", como el Nuevo Testamento le llama. *Lo que descubrieron:* Una gran piedra en Cesárea, que dice: "Poncio Pilato, Prefecto de Judea".

# TEMA 3

# JESÚS

## P: ¿Quién es Jesús?

Jesús es Dios, y también humano. Él vivió en la tierra, dando a conocer a la gente a Dios Padre. Es un misterio cómo alguien puede ser divino y humano, pero para Dios todo es posible. Como Jesús es Dios (Juan 1:1-3, 14), pudo vivir perfectamente y pagar por nuestros pecados; como es humano, Él sabe por experiencia propia lo que significa estar en la piel de sus hijos (Filipenses 2:6-7).

El Jesús con el que la mayoría de los niños se identifican es el Hombre, su Amigo, pero ellos también necesitan saber que Él es Dios, con todas las mismas cualidades y capacidades que Dios Padre. Él ha vivido siempre con Dios desde antes que comenzara el tiempo; Él lo creó todo. Cuando los niños descubren que Jesús lo creó todo y que, por tanto, sabe cómo funciona todo, entienden que Él sabe cuál es la mejor forma de vivir.

Estas son algunas formas en que puede ayudar a su hijo a entender quién es Jesús:

- Cuando sea posible, mientras le lea a su hijo historias de la Biblia sobre Jesús o cuando hable acerca de Él durante el curso del día, intente transmitir su grandiosidad: Dios Hijo, que siempre ha existido, que lo creó todo. Por ejemplo, mientras narra la historia de cómo Jesús alimentó a miles de personas, podría decir: "Preparar una gran comida partiendo sólo de unos panes y unos peces no fue un problema para Jesús; ¡Él creó todos los peces del mar!". O cuando hable de cómo Jesús bendijo a los niños, podría preguntar: "Si ustedes estuvieran haciendo fila para ver a Jesús, ¿estarían nerviosos? ¿Creen que esos niños sabían que Él era Dios?". Estos apuntes paralelos de asombro, maravilla y respeto, ayudan a sus hijos a comenzar a entender la naturaleza divina de Jesús. Es fácil dejar de asombrarse de quién es Jesús y de lo que hizo. ¡Recuérdeselo a usted mismo y trasmita el "asombro" a sus hijos!

- En Navidad, nuestras celebraciones a menudo enfatizan el lado humano de Jesús: el bebé vulnerable en el pesebre. Si quiere recordar a sus hijos que Jesús también es Dios, un calendario de Adviento podría ser útil. A medida que sus hijos abran una ventanita del calendario cada día de diciembre, pregúntense todos qué habría estado pasando en el cielo mientras el Hijo de Dios se preparaba para venir a la tierra en forma humana.

## P: ¿Cómo sabemos que Jesús es realmente el Hijo de Dios?

No deberíamos sorprendernos cuando los que quieren minar el cristianismo atacan a Jesús. Después de todo, ¡Él es la piedra angular de la fe cristiana! Sus hijos se encontrarán con aquellos que dicen que Jesús realmente nunca vivió o que no era realmente Dios, y usted puede prepararlos para esto asegurándose que su fe en Él esté sólidamente arraigada.

Para testimonios bíblicos de testigos oculares, vea pasajes como Hechos 2:22, 24, 32, 36 y 2 Pedro 1:16. ¿Pero puede usted "demostrar" a sus hijos que Jesús realmente vivió? Quizá no, pero puede ofrecer una evidencia convincente. Si lo desea, léales lo siguiente o compártalo en sus propias palabras.

- Relatos de testigos presenciales: la Biblia es nuestra principal fuente de información sobre Jesús. ¿Es la Biblia precisa? Se ha demostrado que dice la verdad sobre tantas otras cosas que pueden estar seguros de que dice la verdad sobre Jesús. Quienes escribieron los Evangelios estaban convencidos de que lo que habían visto y oído era real. Sus libros fueron escritos cuando otros que habían estado allí aún estaban vivos. Si los escritores de los Evangelios hubieran dicho mentiras, los demás seguro que hubieran expuesto tales mentiras, pero no lo hicieron.

- Las fuentes extra bíblicas: la Biblia no es el único libro que menciona a Jesús. Otros que escribieron no mucho tiempo después de que Él viviera muestran que Él fue un personaje real e histórico. Flavio Josefo, un historiador judío que vivió alrededor del año 70 a. C., mencionó a Jesús, diciendo que Él fue condenado a muerte por Pilato y luego apareció de nuevo con vida al tercer día. Josefo también mencionó a Jesús cuando contó cómo Santiago, el hermano de Jesús, fue asesinado. Luego hay una carta de un líder romano, Tácito (alrededor del año 112 a. C.), mencionando que Jesús fue muerto bajo Pilato, y algunos maestros judíos del momento se refirieron a Jesús o Yeshua.

- Jesús afirmó que Él era Dios. Como escribió C. S. Lewis, hay sólo tres cosas que se pueden creer sobre la afirmación de Jesús: es quien dijo que es (Dios y Señor); era un mentiroso que sabía que estaba mintiendo, o tan sólo pensó que estaba diciendo la verdad cuando en realidad no lo estaba haciendo (en otras palabras, era un lunático). Mucha gente estaría de acuerdo en que Jesús fue un gran maestro del bien y el mal. Si lo era, no podía ser un mentiroso. ¿Estaba loco entonces? Ninguna de sus otras palabras o actos hacen pensar que lo estaba. La única posibilidad que queda es que era quien decía ser: Señor.

- Jesús resucitó de la muerte. Jesús murió, pero tres días después volvió a la vida. ¿Qué ocurrió? Los romanos se aseguraron de que Jesús estuviera muerto. Su cuerpo fue envuelto en sábanas con especias, lo que hacía que las ropas en la tumba se pegaran al cuerpo, lo cual era muy difícil de despegar. Fue colocado en un sepulcro realizado en una roca, y con su única salida cubierta por una gran piedra que requería la fuerza de varias personas para moverla. Los soldados vigilaron la tumba; sabían que dormirse en el trabajo conllevaba la pena de muerte.

Tres días después, la tumba estaba vacía. La gran piedra había sido removida de la tumba, las sábanas estaban vacías como si el cuerpo de Jesús las hubiera atravesado. Los soldados fueron sobornados para decir que se habían dormido, pero no fueron castigados por ello. Más de 500 personas vieron a Jesús vivo después de su muerte, y los discípulos nunca fueron los mismos, cambiando de ser personas asustadas que andaban escondidos de las autoridades a ser personas osadas y dispuestas a sufrir azotes e incluso la muerte. Saber que Jesús resucitó de la muerte les ayudó a ser valientes.

- ¿Cómo sabemos que Jesús es el Mesías? Una manera es a través de las predicciones que Jesús cumplió: ¡60 grandes profecías del Antiguo Testamento sobre el Mesías! Por ejemplo, Miqueas 5:2 predijo que el Mesías nacería en Belén; Génesis

49:10 predijo que sería de la tribu de Judá; el Salmo
16:10 insinuaba que resucitaría de la muerte.

# P: ¿Por qué Jesús tuvo que morir?

Como preguntó un niño: "¿Por qué Jesús tuvo que morir? No es
justo". Los niños más pequeños simplemente aceptan sin cues-
tionar que Jesús murió por ellos, pero es más probable que los
niños un poco más mayores hagan algunas preguntas.

La mayoría de los niños más pequeños pueden entender una
historia muy básica. Se podría expresar de esta manera:

"Toda la gente, tú incluido, hace algunas cosas malas. Estas
cosas malas son pecado y ponen triste a Dios. Pero Dios nos ama
tanto que envió a su Hijo Jesús. Jesús murió por nosotros para
que pudiéramos ser perdonados y pudiéramos ser hijos de Dios.
Igual que tú necesitas decirme que lo sientes cuando has hecho
algo malo, también necesitas decirle a Dios que lo sientes por las
cosas malas que has hecho y pedirle que te perdone gracias a lo
que Jesús hizo, y Él lo hará. Desde ese momento, eres hijo de
Dios, y si haces cualquier cosa mal después de eso, puedes pedirle
a Dios que te perdone y que te ayude a ser mejor, y Él lo hará".

Si su hijo mayor se pregunta por qué fue necesario el sacrificio de Jesús, quizá pueda compartir con él lo siguiente:

"¿Por qué Jesús tuvo que morir? Bien, no tuvo, sino que escogió hacerlo por amor.

"Dios ama al mundo, y quiere tener con cada uno esa misma
relación estrecha que tenía con Adán y Eva en el principio. La única
manera de hacerlo era solucionando el problema del pecado.

"Dios creó a las personas y escogió ser su Padre; escogió
hacerse responsable de ellos. Los padres pagan lo que sus hijos
rompen. Si los padres no pagasen, ¿quién lo haría? El niño normalmente no puede hacerlo; así que, de forma similar, Dios se
hizo a sí mismo responsable de pagar lo que sus hijos habían
'roto': su relación con Él. Lo hizo sabiendo lo que le costaría,

porque era un Padre amoroso. Si no hubiera pagado por ello, ¿quién podría hacerlo? Nadie. "El castigo del pecado es la muerte. Como todos pecamos, nadie podría pagar la pena del pecado. Sólo alguien que hubiera nacido sin pecado (lo cual excluye a todas las personas desde Adán y Eva) podría morir por los demás. Cualquier otro podría pagar sólo por sí mismo. La única persona perfecta es Jesús. Él derrotó a Satanás y al pecado cuando murió y resucitó; por eso Jesús es el único camino a Dios".

Para ayudar más a su hijo a entender esto, pruebe lo siguiente:

- Los niños más pequeños podrían desconcertarse con la idea de que Jesús "murió en la cruz", especialmente si no entienden lo que es la muerte. Si siente que una conversación sobre la muerte asustaría a su hijo, en lugar de informarle, concéntrese en hablar sobre el amor y las acciones de Jesús, especialmente el hecho de que Él vino para rescatarnos. Cuando su hijo esté listo para entender lo que significó para Jesús dar su vida, explique la parte de la historia de la salvación.

- ¿Usa usted métodos de disciplina con sus hijos como cachetadas, castigos o pérdida de privilegios? Intente mencionarlos al explicar el concepto de pecado y cómo Jesús pagó el precio por los nuestros. Los niños entenderán cómo las malas acciones no agradan a Dios, porque saben cómo responde usted cuando ellos desobedecen. Explique que las malas acciones colocan un amplio espacio entre sus hijos y Dios, tan grande que no pueden cruzarlo solos. Por eso vino Jesús: para hacer un camino para que ellos pudieran cruzar y volver a estar con Dios y ser perdonados. Si sus hijos ya han aceptado a Jesús, enfatice que

pueden acudir a Dios en cualquier momento, con
cualquier cosa, y pedirle que les perdone cuando
hayan hecho algo mal.

**P: ¿Cuándo volverá Jesús?**

Los niños a menudo se sienten atraídos —y confundidos— por
las partes proféticas de la Biblia. Cuando leen sus Biblias o escuchan en la escuela dominical, sus hijos se encontrarán con
Ezequiel, Daniel, Apocalipsis y otras secciones que son difíciles
de entender. Puede que hasta se confundan más cuando sepan
que los cristianos interpretan estos escritos de formas distintas.
Puede ayudar usted a reducir la confusión, y asegurar a sus
hijos que lo más importante que han de saber con respecto al
futuro es que Dios tiene un plan maravilloso para nosotros, un
plan que incluye el regreso de Jesús.

"El Señor mismo descenderá del cielo con voz de mando, con
voz de arcángel y con trompea de Dios, y los muertos en Cristo
resucitarán primero. Luego los que estemos vivos, los que haya-
mos quedado, seremos arrebatados junto con ellos en las nubes
para encontrarnos con el Señor en el aire. Y así estaremos con
el Señor para siempre. Por lo tanto, anímense unos a otros con
estas palabras" (1 Tesalonicenses 4:16-18).

"Ahora bien, hermanos, ustedes no necesitan que se les escriba
acerca de tiempos y fechas, porque ya saben que el día del Señor
llegará como ladrón en la noche" (1 Tesalonicenses 5:1-2).

Cuando los niños pregunten lo que significan algunos pasajes proféticos, use la oportunidad para explicar un par de pautas básicas para interpretar la Biblia:

- Comience con lo que está claro. Dios presentó
  claramente lo que realmente quería que su-
  piéramos. Las cosas sobre el futuro que son
  menos urgentes de saber las presenta de forma
  simbólica. Es mejor leer primero los versículos

"básicos" que tratan del final de los tiempos (como
Mateo 24:1-5 y 1 Tesalonicenses 4:13-5:11) y luego
pasar a los pasajes más simbólicos (como Apocalipsis y Daniel 7-12), en lugar de hacerlo al revés.

- Busque la idea general. La pregunta a responder
sobre los pasajes complicados es: "¿Cuál es la idea
principal?". La idea principal de Apocalipsis, por
ejemplo, es: "Jesús va a volver. ¡Estén listos!".

¿Cómo puede usted tratar diferentes puntos de vista sobre el
final de los tiempos? Diga a los niños que los cristianos tienen
varias opiniones sobre el significado de ciertos versículos, especialmente de los que contienen lenguaje simbólico o que no
entran en mucho detalle sobre un tema. Dígales cuál es su punto
de vista. Ayúdeles a entender que los principios son más importantes que los detalles, y que el Espíritu de Dios les ayudará a
entender lo que tienen que saber. Con respecto a la profecía,
explique que ninguno de nosotros la entenderá completamente,
¡hasta que ocurra!

# TEMA 4

# EL PECADO Y SATANÁS

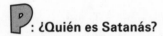 **: ¿Quién es Satanás?**

La maldad puede ser un tema incómodo, pero sus hijos están creciendo en un mundo que está desfigurado por los resultados del pecado, y tienen que saber por qué. Tienen que saber que Satanás es real, que tiene poder en la tierra, y que Jesús le ha derrotado finalmente. Tienen que saber que ocurren cosas malas debido a los efectos secundarios del pecado, y a que Satanás ha cegado a mucha gente a la verdad de la Palabra de Dios.

Para ayudar a sus hijos a entender quién es Satanás, quizá quiera compartirles lo siguiente:

"Hace mucho tiempo, un ángel llamado Lucifer se rebeló contra Dios. Quería todo el poder, quería ser como Dios, y reemplazar a Dios. Su pecado le llevó a ser expulsado del cielo y enviado a la tierra. Otros ángeles —ahora demonios— decidieron seguirle. En la tierra dijo la primera mentira y engañó a Adán y Eva para que también desobedecieran a Dios. Eso fue solamente el comienzo.

"Satanás es poderoso, pero él es un ser creado, con lo cual es mucho menos poderoso que Dios, ya que él no puede crear. La Biblia le llama mentiroso y padre de mentiras porque comenzó mintiendo y hasta hoy lo sigue haciendo. Odia a Dios y a cualquiera que siga a Dios, así que intenta mantener a la gente alejada de Él. Es un amante del mal.

"Pero no se asusten. Cuando Jesús murió y resucitó, el poder de Satanás quedó roto. Para buscar ayuda contra él, lo único que un cristiano ha de hacer es acudir a Dios y pedírsela. ¡Satanás odia eso!

"Satanás también es parte de la razón de que ocurran cosas malas en el mundo, pero la gente también hace cosas malas cuando decide que su camino es mejor que el de Dios. ¡Y cada vez se empeora más la situación!

"Dios quiere que la gente sea libre para escoger amarlo; por tanto, dio a todas las personas el libre albedrío, o la capacidad de tomar decisiones. Como la gente es pecadora, a menudo escoge las cosas equivocadas. Cada mala decisión tiene consecuencias. Algunas cosas malas ocurren porque la gente toma malas decisiones. Dios podría detener eso, pero significaría violar el principio del libre albedrío. Él deja que la gente tenga lo que decide, pero puede cambiar las cosas malas en buenas para ayudarnos a crecer.

"Otras cosas malas, como la muerte o la enfermedad, también son resultado del pecado. Eso no significa que la gente que se enferma esté siendo castigada por sus pecados; significa que cuando Adán y Eva pecaron, afectó a cada cosa creada. Como vivimos en un mundo donde Satanás todavía tiene poder, hay dolor y sufrimiento, pero el final de la historia es claro: ¡Jesús vence!"

Cuando hable del diablo y sus demonios, mantenga el enfoque en Dios. Enfatice que Dios tiene el control y tiene su plan en marcha. Sí, hay un león rugiente que quiere que sus hijos hagan cosas malas y destruir sus vidas, pero Jesús venció al diablo. Sus hijos también pueden vencer. Si tienen temor de Satanás o los demonios, recuérdeles que Jesús está con ellos todo el tiempo, y que Él es mucho más fuerte que Satanás. Lo único que tienen que hacer es orar pidiendo ayuda, y Jesús les mantendrá a salvo mientras le siguen.

# P : ¿Cómo debo luchar contra el diablo?

Cuando sus hijos resisten a Satanás haciendo las cosas como Dios quiere —tomando buenas decisiones, pidiendo perdón cuando pecan— es una victoria para el bando ganador.

Estos son algunos pasajes bíblicos que podrían ayudar a sus hijos a entender la idea de que hay en marcha una batalla espiritual:

"Así que sométanse a Dios. Resistan al diablo, y él huirá de ustedes" (Santiago 4:7).

"Practiquen el dominio propio y manténganse alerta. Su enemigo el diablo ronda como león rugiente, buscando a quién devorar" (1 Pedro 5:8).

Diga a sus hijos que cuando se enfrentan a la tentación es una buena idea acudir a la Biblia. Cuando Él fue tentado, Jesús trató los ataques del diablo citando las Escrituras. Sus hijos pueden hacer lo que hizo Jesús: contrarrestar las mentiras del diablo con versículos que conozcan (o que puedan encontrar) en la Biblia, y escoger el camino de Dios. Anímeles a orar cuando sean tentados, aunque estén a medio camino de cometer un error. Si piden ayuda, Dios responderá.

Asegure a sus hijos que aunque meten la pata y dan pie a Satanás, pueden acudir a Dios en busca de fortaleza y perdón. Usted puede modelar el amor incondicional de Dios manteniendo una política de puertas abiertas para sus hijos cuando hagan cosas malas. Dígales que está dispuesto a brindar su ayuda y perdón, no sólo castigo.

Evite dar a sus hijos la impresión de que el diablo es algo miedoso. Es un maestro del engaño, un maestro de la mentira. Buscar la verdad y seguir a Dios le deja sin poder en nuestras vidas. En vez de argumentar con él (ver Judas 9), deje que Dios le juzgue. La suerte de Satanás está echada, y él tan sólo está intentando causar todo el daño posible antes de que sea echado en el lago de fuego para siempre.

**P**: ¿Cómo sé que Dios me perdona cuando hago algo malo?

Cuando pecamos, debemos pedir a Dios que nos perdone, y Él lo hará (1 Juan 1:9).

Es importante enseñar a los hijos que cuando desobedecen intencionadamente y hacen algo malo, necesitan pedir a Dios que les perdone. También necesitan pedir perdón a las demás personas implicadas. Esto les ayuda a aprender la diferencia entre el bien y el mal, y refuerza su decisión de hacer lo correcto.

A menudo, los niños (y los adultos) se pueden ver atrapados cometiendo errores similares repetidamente. Tienen que llegar a un punto de decisión consciente donde digan: "¡No seré más así o no haré más esto!". El arrepentimiento les ayuda a hacerlo.

Cuando estén sentados debido a un castigo por haber tenido un mal comportamiento, hábleles del perdón, estableciendo estos dos puntos. Primero, cuando se arrepienten y piden perdón, están tomando la decisión de abandonar ese comportamiento y de pedir ayuda a Dios para hacerlo bien a partir de ahora. Segundo, Dios quiere que ellos aprendan a hacer lo bueno porque quiere que tengan una buena vida. Así que, cuando piden perdón, Dios instantáneamente los perdona, y ellos comienzan de nuevo con una pizarra en blanco.

Estas son algunas formas de ayudar a sus hijos a entender este concepto:

- Después de corregir a sus hijos, muéstreles lo que podían haber hecho. Por ejemplo, si su hijo rompe algo y lo niega o miente, explíquele que a usted le decepciona más la mentira que el hecho de que se haya roto el objeto. Diga amablemente a su hijo cuál hubiera sido la respuesta correcta: debería haber acudido a usted y simplemente haberle explicado lo que ocurrió. Luego usted

hubiera tenido que tratar solamente el incidente,
y no el asunto de la mentira.

• Asegúrese de no volver a machacar ese asunto
después de haber hablado del pecado y orado por
ello. Represente a Dios ante sus hijos: abrácelos,
dígales lo mucho que les ama, lo complacido que
está por lo general con su comportamiento y lo
complacido que está con cómo respondieron.

• Cuando sus hijos necesiten pedir perdón a Dios,
puede que se sientan demasiado incómodos
como para orar por sentirse tan mal. En este
caso, sería una buena idea ofrecerse a orar primero. Hágalo corto y sencillo: pida a Dios que les
perdone y les enseñe, y dele gracias por las cosas
buenas de sus hijos con las que usted disfruta.

# TEMA 5
# EL CIELO

**P**: ¿Cómo es el cielo?

¡Jesús va a volver! El cómo y el cuándo no son tan importantes como el hecho de su regreso. Para los niños, la clave es la razón de su regreso: para llevarles con Él al cielo para siempre.

Diga a sus hijos que Jesús está preparando un lugar maravilloso para ellos, esperando el momento en que estén allí con Él. Cuando enseña a sus hijos sobre lo que les espera en el cielo, les está dando esperanza, y los comienzos de una visión eterna que pone aquí las cosas en perspectiva.

Aquí tiene tres formas de hablar con sus hijos del cielo:

- Lea y hable de pasajes bíblicos que sugieran las maravillas del cielo. Por ejemplo: "Ningún ojo ha visto, ningún oído ha escuchado, ninguna mente humana ha concebido lo que Dios ha preparado para quienes lo aman" (1 Corintios 2:9). Ver también Isaías 35:10; Juan 14:2-3; Apocalipsis 21:3-4.

- La gente a menudo tiene la idea de que el cielo es un lugar estático y aburrido donde nunca ocurre nada y todos están sentados tocando arpas. Si sus hijos han obtenido esa impresión de la televisión o de otra fuente, deben estar preguntándose: *¿Por qué querría alguien ir a un lugar así?* ¡Pero el cielo será un lugar fantástico! La Biblia dice que no habrá lloro, ni tristeza, ni enfermedad,

ni dolor, y el cielo no es solamente la ausencia
de cosas malas; el apóstol Pablo escribió que es
mucho más de lo que nadie podría imaginar. La
próxima vez que usted y sus hijos disfruten de
una comida especialmente deliciosa, un juego
apasionante o vean algo impresionante, diga que
el cielo será algo aún mejor.

• Si su discusión del cielo provoca preguntas sobre
  los ángeles, explique a sus hijos que los ángeles
  viven en el cielo y son los ayudantes de Dios.
  Ellos llevan a cabo los planes de Dios y a veces
  entregan sus mensajes (como hizo Gabriel con
  María y José), y Dios hace que cuiden de los cristianos. Para más información sobre los ángeles,
  vea el Salmo 104:4 y Hebreos 1:14.

# TEMA 6

# LA SALVACIÓN

**P**: ¿Qué significa tener una "relación con Dios"?

Jesús murió por sus hijos para que sus pecados pudieran ser perdonados. ¿Pero por qué? Para que pudieran tener una relación estrecha con Dios, ¡su Padre celestial!

Asegúrese de que sus hijos sepan que Dios está deseoso de tener una relación con ellos. En palabras de Juan 14:23: "Le contestó Jesús: El que me ama, obedecerá mi palabra, y mi Padre lo amará, y haremos nuestra vivienda en él".

Dios quiere una amistad especial con sus hijos, una que no puede tener con ninguna otra persona porque cada hijo es único. En esta relación privada, ellos conocen a Dios en su manera única y particular.

Los niños necesitan saber que decidir aceptar a Jesús como Salvador es el comienzo, y no el final. Conocer a Dios es algo emocionante que harán el resto de sus vidas. Estas son algunas formas de ayudar a sus hijos a entender eso:

- Deje que sus hijos vean cómo funciona la relación que usted tiene con Dios. Permítales oírle orar de forma sincera y conversacional; anímeles a orar de la misma forma, incluso sobre cosas que podrían parecer triviales. Hábleles sobre algo que Dios le haya enseñado de la Biblia. Hábleles sobre las ocasiones en las que se ha sentido especialmente cerca a Dios. Si a veces se siente lejos de Dios, admítalo; si a veces es difícil

relacionarse con una Persona que es invisible y
no habla de forma audible, admítalo también.
Dígales lo que más extrañaría si no pudiera tener
una relación con Dios. A medida que los niños
aprenden que una relación con Dios puede ser
muy real aunque tenga altibajos, tendrán expectativas más realistas al comenzar la suya propia.

- Cree recordatorios visuales de la relación entre
  sus hijos y Dios. Haga que los niños realicen
  dibujos de ellos mismos andando con Jesús, por
  ejemplo, o que recorten un retrato de Jesús de alguna revista de la escuela dominical y lo añadan
  a algún retrato familiar. Ponga esos recordatorios
  donde sus hijos los puedan ver frecuentemente.

## P: ¿No es injusto decir que Jesús es el único camino al cielo?

Quizá sus hijos le digan: "Yo no puedo hablar a la gente de
Jesús. Se enojarán si les digo que Jesús es el único Camino y
que su religión está mal". ¿Cómo puede usted responder?

Ayude a sus hijos a entender que el cristianismo no es ex-
clusivo y estrecho de mente, sino inclusivo y acogedor. La
"membresía" en la mayoría de las religiones está disponible sólo
para unos pocos selectos: los que desarrollan ciertas tareas para
ganarse el favor de Dios, que han nacido solo en una cierta cul-
tura, o que cumplen un cierto perfil.

El cristianismo es la única fe que dice que uno no puede
hacer nada para ganarse el cielo; ¡y, sin embargo, su entrada
puede estar garantizada! Jesús enseñó claramente la manera:
"Yo soy el camino, la verdad y la vida. Nadie llega al Padre sino
por mí" (Juan 14:6).

Esto no excluye a la gente, más bien incluye a todos. No
importa de dónde venga, cuál sea su aspecto, lo inteligente,

trabajador o perezoso que sea, usted es bienvenido. Lo único que tiene que hacer es aceptar el regalo de Dios del perdón, traído hasta usted a través de la muerte de Jesús. Asegúrese de que sus hijos entiendan que Él es la puerta abierta al cielo por la que cualquiera puede entrar y por la que todos deben pasar. No necesitamos "luchar" contra otras religiones, sino tan sólo decirle a la gente la verdad y darles la oportunidad de conocer a Jesús.

- Algunos niños, al sentirse nerviosos por si sus amigos irán o no al cielo, puede que intenten presionar a sus amigos para que sean cristianos. Anime a sus hijos a ser amables en su forma de hablar de Jesús. Necesitan estar listos, ser respetuosos, humildes y condescendientes. No importa cuál sea la respuesta de la otra persona, se merece ser tratada con respeto. Cada persona tiene el derecho dado por Dios de decidir seguir a Jesús o no. Las disputas, demandas y presiones no hacen que la gente entre en el reino de Dios, pero sí el amarles, respetarles y responder a sus preguntas. Anime a sus hijos a confiar en que Dios les ayudará a hablar de Él a otros, y a dejar el resultado en manos de Dios.

- Incluso el niño más entusiasta necesita conocimiento y respuestas para respaldar su celo. Muestre a sus hijos dónde encontrar versículos de la Biblia que expliquen cómo aceptar a Jesús. Hay muchas maneras de explicar el evangelio; anime a los niños a contar la historia de su experiencia con Jesús en sus propias palabras.

# TEMA 7

# COMENZAR A SEGUIR A JESÚS

**P**: **¿Qué quiere Dios de mí?**

Cuando los niños comienzan una relación con Dios, normalmente están respondiendo a su regalo del perdón. Como no pueden ganar su entrada al cielo, no hay mucho que hablar del comportamiento en este punto.

Sin embargo, finalmente el tema aparece. Los niños aprenden que algunas actitudes y acciones honran a Dios, y algunas no. Resulta que seguir a Jesús conlleva seguir su ejemplo.

Puede que su hijo sienta que no "firmó" para esto, o puede que se sienta agobiado por el gran número de mandamientos bíblicos que escucha en la iglesia. ¿Cómo puede enseñar a su hijo sobre lo que Dios más quiere de aquellos que pertenecen a su familia?

Esta es una manera de verlo: 10 cosas que Dios quiere de todos nosotros, y muchas formas de ayudar a sus hijos a entenderlas.

1. *Ser bueno, amable y amoroso, como son el Padre y Jesús (Juan 15:12).*

   - Cuando sus hijos más pequeños hagan cosas malas, céntrese en decir y demostrar lo que debieran haber hecho, y no sólo lo que hicieron mal. Diga algo como: "La próxima vez podemos hacerlo como a Dios le gusta". Sea breve con este proceso, pasando rápidamente a los abrazos y cosas divertidas que refuerzan sus expectativas de que ellos querrán seguir el ejemplo de Jesús.

- Para los niños más pequeños, usted tendrá que mostrar lo que significa ser bueno, amable y amoroso. Por ejemplo, si María le pega a su hermano Carlos en la cabeza, agáchese al nivel de María y dele una pequeña lección sobre el tema del toque. Diga algo como: "Cuando tocas a la gente, tienes que ser buena y amable, como Jesús. Si quieres tocar a Carlos, así es cómo debes hacerlo". Tome su mano y ayúdele a acariciar el brazo de Carlos. Explique que este tipo de toque hace que una persona se sienta feliz y amada.

- Cuando hable con sus hijos sobre ser amable y amoroso, hágalo de forma amable y amorosa. Es fácil ser rígido cuando un niño acaba de hacer algo mal, pero eso no afirma la bondad. Si es necesario, tómese unos minutos para calmarse antes de hablar. Al hacerlo, intente expresar su guía lo más positivamente que pueda. Por ejemplo, afirme que la amabilidad y la bondad son parte de la identidad de su familia: "Como amamos a Jesús, esta es la forma en la que actuamos en nuestra familia".

2. *Ver y pensar en cosas buenas (Lucas 6:45).*

- Cuando escuche música o vea la televisión con sus hijos, haga una pausa ocasionalmente para preguntar cómo se están sintiendo. Use sus respuestas como una plataforma de lanzamiento para hablar sobre la manera en que somos moldeados por lo que vemos y oímos. Si están escuchando una canción triste y se sienten tristes, hágales ver la conexión. Haga lo mismo si están alegres mientras ven un programa divertido. Explique que Dios quiere que ellos vean y oigan buenas cosas porque les ama y quiere lo mejor para ellos.

- ¿Qué puede hacer cuando sus hijos copian las acciones de otros que se pelean o hablan de forma grosera? Además de tratar la desobediencia misma, use el incidente como una oportunidad para explicar cómo lo que vemos y oímos puede convencernos para hacer las cosas malas. A la inversa, anime a sus hijos cuando imiten los comportamientos positivos; señale que Dios quiere que veamos y oigamos esos buenos ejemplos.

3. *Aprender a compartir sus cosas con otros (Lucas 3:11).*

- Ana está aprendiendo que su muñeca no deja de existir cuando ella no la puede ver. Antes de poder sentirse cómoda compartiendo su muñeca, necesita saber que sigue ahí, incluso cuando otra persona la está usando. También tiene que entender que la muñeca sigue perteneciéndole a ella, y que la volverá a tener más tarde. Hay una sensación de propiedad que debe preceder al hecho de compartir. Por tanto, para los niños más pequeños, enfatice dos verdades: Dios nos deja tener cosas buenas, y Él quiere que las compartamos con otros.

- En vez de forzar a sus hijos a compartir una nueva adquisición, deles tiempo de disfrutarla primero. Una vez que hayan jugado con ello, compartirlo será más fácil.

- Intente el intercambio y hacer turnos. Es una buena forma de presentar la idea de compartir.

Si Cristóbal y Jonatán están jugando con sus nuevas naves espaciales, haga que las intercambien durante un minuto o así. Mientras aprenden que las naves no desaparecen cuando están en otras manos, y que recuperarán sus pertenencias, puede aumentar el tiempo de intercambio. O siéntese con sus hijos y jueguen juntos, haciendo turnos con varios juguetes.

4. *Aprender y crecer y ser más como Jesús (Juan 13:15).*

- "Ser como Jesús" podría ser confuso para sus hijos. Explique que eso no significa vestir una larga túnica, caminar por todos los sitios y hablar en parábolas, sino tratar de imitar el carácter de Jesús.

- Use historias de la vida de Jesús para enseñar a sus hijos cómo tienen que ser como Él. Por ejemplo, el relato de cómo Jesús tocó al leproso (Marcos 1:40-44) muestra que Jesús amaba a la gente que no era popular y ayudaba a los que otros evitaban. La historia de cómo Jesús "dijo las cosas tal y como eran" (Mateo 5:21-48; 11:20-24) muestra que no temía llamar pecado a lo que realmente lo es y advertir a la gente de ello.

- ¿Qué haría Jesús? Haga que los niños piensen en un dilema de la vida real que pudieran afrontar. Por ejemplo, en la casa de uno de sus amigos, éste quiere ver un video violento que su hijo sabe que no le está permitido ver; en la escuela, su hijo sabe quién robó unos cromos de las mochilas en el recreo. Pregunte: "¿Qué creen que haría Jesús en esta situación? ¿Cómo lo saben?". Señale que la respuesta a la pregunta comienza con

quién es Jesús como persona —su carácter— y
luego se expresa en sus acciones.

Al igual que el crecimiento físico, el crecimiento espiritual no
ocurre de la noche a la mañana, sino poco a poco a medida que
sus hijos pasan tiempo con Dios regularmente e interiorizan lo
que aprenden. Ocurre a medida que toman buenas decisiones, y
según cometen errores y aprenden de ellos.

Sus hijos necesitan el consuelo de saber que el crecimiento
conlleva errores y segundos intentos. En lugar de esperar una
perfección inmediata, Dios sabe que ser como Jesús es un proceso, como lo son saber cómo escribir cartas, memorizar las
tablas de multiplicar y pintar cuadros.

- Diga a sus hijos que usted también está creciendo:
  como persona, como padre, y como seguidor de
  Jesús. Admita que comete errores y que está aprendiendo de ellos. Trate los errores —los suyos, los
  de ellos y los de otras personas— con amabilidad.
  Intente ver los errores como peldaños de la esca-
  lera del crecimiento en vez de como fracasos.

- Recuerde que las apariencias no son lo más importante. Enfóquese en el corazón de sus hijos, y
  evite presionarlos a que actúen de cierta manera
  cuando sus corazones están lejos de ello; ellos
  deben apropiarse de la actitud correcta antes de
  que sus acciones signifiquen algo. Empujar la fe de
  sus hijos más allá de su entendimiento y más allá
  de sus corazones puede reducir su cristianismo
  a realizar meramente una representación, lo cual
  implica que, si meten la pata, serán un fracaso. Las
  acciones son importantes, pero las buenas acciones
  significan lo máximo cuando fluyen del corazón.

- Introduzca las experiencias "desafiantes" en pequeños pasos. Por ejemplo, en lugar de intentar enseñar a sus hijos a ser buenos siervos haciéndolos cantar un solo en una residencia de ancianos, comience haciendo que le ayuden repartiendo las invitaciones de cumpleaños o tratados en el vecindario. Trabaje con la mira de que sus hijos hagan más según se vayan sintiendo cómodos con los entornos que no les sean familiares. Deles pequeñas "experiencias exitosas" que edifiquen su confianza en cuanto a hacer lo correcto.

- La Biblia contiene una gran riqueza de versículos que hablan del crecimiento espiritual, de buscar a Dios y no rendirse. Estos son algunos pasajes que podría utilizar para instar a sus hijos a que los memoricen y mediten: Salmos 25:4-5; 42:1-2; Filipenses 2:12-13; 3:7-11, 13-14; Colosenses 3:1-4, 5-17; 2 Timoteo 2:15; Hebreos 6:1; 12:1.

5. *Para que su carácter se asemeje al carácter de Dios (Hebreos 1:3).*

   - Aquí tiene siete rasgos clave del carácter de Dios que sus hijos necesitan incorporar a sus vidas. Hay un lema incluido en cada rasgo, una frase que puede ayudar a los niños a recordar la cualidad si copian las palabras en posters, joyería, calendarios u otros artículos personales que verán frecuentemente.

   1. Verdad y honestidad (Efesios 4:15): "Dios no miente, ¡y yo tampoco!".
   2. Amor y compasión (Juan 15:17; Colosenses 3:12): "Mi corazón está en el lugar correcto".

3. Generosidad y desinterés (1 Timoteo 6:18): "Hay algo que dar: ¡yo!".
4. Perdón y misericordia (Colosenses 3:13): "T Perdono".
5. Formalidad y fidelidad (Gálatas 5:22-23): "¡Cuenta conmigo!".
6. Justicia e imparcialidad (Mateo 23:23): "La vida no es justa, pero yo intento serlo".
7. Santidad (Romanos 12:1): "¡Precaución!: Apartado".

- Señale los rasgos de carácter que funcionan en la vida diaria; por ejemplo, cuando el mejor amigo de su hijo decide salir con otros amigos, hable sobre la fidelidad; cuando un niño recibe cambio de más en la tienda, hable sobre la honestidad.

- Hable de los beneficios del buen carácter; por ejemplo, la honestidad funciona: tan simple como eso. Una persona que dice la verdad regularmente se ganará la confianza de los demás, y los demás querrán que sea su amigo. Por el contrario, una persona deshonesta obtiene una mala reputación, y los demás dejarán de confiar a dicha persona sus pertenencias, secretos y responsabilidad. Cuando sus hijos entiendan los beneficios del carácter, será más probable que escojan la dirección correcta porque sabrán que funciona mejor.

6. *Desarrollar sus dones (Romanos 12:6-8).*

- Según lo permita su horario y su presupuesto, anime a sus hijos a probar diversas actividades y lecciones para ayudarles a descubrir las habilidades que Dios les ha dado. Permítales explorar. Cuando sus hijos muestren una aptitud para algo o disfruten una actividad en particular, afírmeles en ello e intente hacer posible que crezcan en ello.

- Ponga ejemplos de gente que usa sus talentos para servir a Dios. Entre los obvios pueden estar los que cantan sobre Jesús y los que predican, pero no pase por alto el resto: el fotógrafo que muestra compasión tomando fotografías de víctimas del hambre, el cocinero que prepara comidas para los misioneros que llegan de visita, el abogado que defiende a los pobres, etc.

7. *Desarrollar el fruto del Espíritu (Gálatas 5:22-23).*

- Explique a sus hijos que el fruto del Espíritu es mucho más que ser buenos. Este grupo de cualidades viene de dentro, del corazón de sus hijos, y se puede desarrollar solamente en cooperación con el Espíritu de Dios. El fruto de Dios hace que las relaciones funcionen y nos ayuda a ser más como Él.

- Ore regularmente para que Dios ayude a sus hijos a crecer en el fruto de Él. Anímeles a orar esto para ellos mismos, y reconozca cuando vea progreso en ellos. Explique que Dios no espera que hagamos crecer el fruto del Espíritu por nosotros mismos, ya que Él está deseoso de ayudar.

8. *Compartir su fe (1 Pedro 3:15).*

- Explique que compartir nuestra fe es simplemente contar a otros lo que Dios ha hecho por nosotros, desde darnos vida eterna hasta responder nuestras oraciones para cambiar nuestros hábitos. Sus hijos están "dando testimonio" ya sea que estén hablando de Dios o no, ya que sus vidas hablan en voz alta de lo que ellos

son y de lo que Dios significa para ellos. Jesús
dejó a sus discípulos la tarea de hablar a todos
de Él y de lo que hizo. Esta también es una tarea
para usted y sus hijos.

- Para ayudar a los niños a acostumbrarse a la idea
de hablar sobre algo en lo que creen, pídales que
le hablen de su programa de televisión favorito,
su deporte, afición o su mejor amigo. Note su entusiasmo y falta de timidez, y luego explique que
compartir nuestra fe es decir lo que creemos acerca de Jesús y por qué. No es necesario que seamos
expertos, tan sólo necesitamos una relación viva y
personal con Dios de la que vale la pena hablar.

- Antes de animar a sus hijos a compartir su fe,
asegúrese de que entienden lo básico. Vea el
"camino de Romanos" del Tiempo en familia
10 para el mensaje de salvación y versículos
relevantes.

- Hable respetuosamente de los no creyentes para
que sus hijos entiendan que necesitan hablar a
la gente de Jesús con amor. Explique que tenemos que respetar el derecho que Dios ha dado a
otras personas de decidir por ellos mismos, y no
forzarles. Orar por otros es una gran idea, pero
la decisión de aceptar o rechazar a Jesús sólo les
corresponde a ellos.

- Si los niños tienen temor de "dar testimonio" por
si no conocen la respuesta a la pregunta de un
amigo, dígales que no tienen que saber todas las
respuestas. Si aparece una pregunta difícil, deben
tener la libertad de decir: "no lo sé, pero voy a
intentar descubrirlo", y pedirle ayuda a usted más

tarde, o consultar un libro o a un maestro. Muchas
personas no van a llegar a un convencimiento ni
siquiera con "pruebas" o argumentos, pues lo que
quieren es ver a cristianos que muestran un amor
real y genuino como el que mostraba Jesús.

La mejor manera de ayudar a sus hijos a hablar a otros de
Jesús es ayudarles a enamorarse de Él. Pocos tienen la urgen-
cia de compartir un conocimiento que sea lo suficientemente
fuerte para vencer la vergüenza o el temor, pero la mayoría de
los que están enamorados encuentran fácil hablar a otros sobre
el objeto de su afecto.

9. *Encontrar y seguir la voluntad de Él para su vida
   (Salmos 138:8).*

   * Explique que Dios tiene un plan, que encaja per-
     fectamente con los talentos, dones y personalidad
     que Él le ha dado a su hijo. ¿Cómo descubre su hijo
     ese plan? ¡Poco a poco! Conocer la voluntad de
     Dios comienza con tomar buenas decisiones día a
     día, y cada día tenemos que preguntar a Dios qué
     es lo que quiere que hagamos, para luego seguirlo
     en esa dirección. Si estamos buscando una rela-
     ción íntima con Dios y somos obedientes a Él, Él
     nos guiará a lo que vaya más en consonancia con
     nosotros, aquello que disfrutamos y nos satisface.

   * ¿Qué significa ser alguien de éxito? ¿Creen sus
     hijos que la fama o el dinero deberían ser su
     objetivo? Ayúdeles a ver que el verdadero éxito
     se obtiene al hacer aquello para lo que Dios nos
     ha diseñado, aunque nuestras tareas específicas
     cambien de vez en cuando. Aporte ejemplos de
     cristianos en su iglesia que están sirviendo a Dios
     como amas de casa, abogados, artistas, albañiles,

con o sin remuneración, conocidos o no. Si es posible, haga que sus hijos pasen tiempo con algunas de esas personas, para que sepan cómo encontraron ellos su área concreta de labor y cómo continúan buscando la dirección de Dios para sus futuros.

- Pregunte a sus hijos: "¿Qué quieren ser cuando sean mayores?". Probablemente obtendrá respuestas orientadas a trabajos, lo cual está bien, pero anime también a los niños a pensar "fuera del marco". ¿Qué quieren *ser*? ¿Qué cualidades anhelan tener cuando sean adultos? Use esta actividad para recordar a los niños que Dios tiene un plan para que seamos esa clase de personas que Él quiere que seamos, no sólo para las cosas que quiere que hagamos.

- ¿Cómo puede ayudar a dirigir a sus hijos hacia la ocupación, carrera o ministerio adecuado para ellos? Anímelos a escribir una lista de "semillas" que ellos crean que Dios haya podido plantar en ellos: su tipo de personalidad, talentos y dones, gustos y deseos. Estas semillas pueden dar pistas de aquello con lo que sus hijos se sentirán más satisfechos realizando un día. Mientras tanto, déjelos explorar diferentes actividades para que puedan descubrir lo que les gusta y para lo que son buenos. Ínsteles a orar pidiendo ayuda para tomar buenas decisiones, y recuérdeles que Dios promete dar sabiduría a quienes se la pidan (Santiago 1:5).

10. *Dedicar toda su vida y todo lo que tiene a Él (Mateo 10:39).*

- En más de una ocasión, Jesús dijo que era mejor perder su vida por causa de Él que ganar todo el mundo. Usted puede ayudar a sus hijos a ver por qué. Explique que entregar sus vidas a Dios es más gratificante que hacer las cosas por ellos mismos, porque pueden confiar en que Él cuidará mejor de ellos que ellos mismos. Ayúdelos a saber cómo hacerlo: rindiendo sus vidas a Dios cada día, aun minuto a minuto si es necesario. Así podrán aprender a dejarle ser Señor en la realidad, y no sólo de palabra.

- "Perder la vida" por causa de Jesús no siempre conduce a una recompensa obvia en la tierra. Sea honesto sobre esto con sus hijos. Admita que obedecer a Dios puede llevar a que otros se rían de nosotros, no ganar mucho dinero, o ser un incomprendido; hasta que nos maten. Compense esto con una mirada a las recompensas que ofrece el cielo.

- Afirme las opciones de su hijo de obedecer a Dios en las cosas pequeñas: cuando deciden perdonar a un gamberro de su escuela en lugar de vengarse, cuando le llevan los deberes a un compañero enfermo, cuando rechazan la opción de ver una película prohibida. A medida que aprenden a rendirse a Dios en los "pequeños" asuntos de la vida cotidiana, les resultará más fácil rendirse a Él en las cosas más grandes.

- Algunos niños (y adultos) temen que darle a Dios el control de sus vidas les llevará a la desgracia. Por ejemplo, pedir a Dios que les enseñe paciencia resultará en tener que soportar una erupción que pica mucho o a un compañero de clase bocazas. O rendirse al plan de Él significará tener que ir a una tierra en la que llueve mucho, donde la comida es viscosa y donde se habla un lenguaje que nadie puede aprender. Asegure a los niños que Dios es bueno y amable. Si ellos necesitan aprender paciencia, pueden estar tranquilos de que Dios se la enseñará de la mejor manera posible. Si Dios quiere enviarlos a algún lugar, Él les preparará primero. El objetivo de Dios no es pedirles que hagan aquello que más odian. Él tiene un plan increíble para ellos.

## P: ¿Por qué debo obedecer a Dios?

Sus hijos no siempre entenderán por qué Dios dice que hagamos algo. Pero si les está enseñando quién es Dios y cómo es su carácter, será más probable que confíen en que el camino de Él es el mejor. Los niños también necesitan saber que, entiendan o no la razón, es vital que obedezcan. Su obediencia no depende de su entendimiento, ya que, después de todo, Él es Dios.

- Cuando use historias bíblicas para mostrar cómo vivir a la manera de Dios, ayude a sus hijos a establecer conexiones entre los actos de los personajes de la Biblia y los resultados. Por ejemplo, José le fue fiel a Dios. Sufrió durante un tiempo en la prisión, pero después Dios recompensó su fidelidad, haciendo de José el segundo hombre más importante de Egipto.

- Es fácil cuando usted está tenso o tiene prisa responder a las preguntas de sus hijos con un: "porque yo lo digo", pero este razonamiento no

les ayuda a ellos a entender que sus instrucciones
son por su propio bien; no les ayuda a confiar en
usted. De la misma manera, un "porque Dios lo
dice" es inadecuado. Dios no sólo nos dice lo que
hacer en la Biblia; a menudo nos dice por qué. Si
no sabe el por qué de un mandamiento, búsquelo
o pregunte a alguien que haya estudiado el asunto.

- Muchos niños quedan fascinados con el cuerpo
humano y cómo funciona. Usando libros apro-
piados a su edad, explore con sus hijos la manera
increíblemente compleja en que Dios nos ha creado, desde nuestras células sanguíneas que luchan
contra la infección hasta cómo se regenera nuestra
piel por sí sola. Señale que Dios lo sabe todo sobre
nosotros porque Él nos creó; necesitamos respe-
tarlo y obedecerlo porque Él es nuestro Creador.

- ¿Quién conoce la mejor manera de usar una
computadora, una bicicleta de montaña o una
cámara de video? ¡La persona que la diseñó y la
creó! Explíquele a su hijo que el diseñador puede
decirle cómo se diseñó cada pieza para que fun-
cionara, cómo sacarle el máximo rendimiento
a eso, y qué es lo que no se debe hacer con ello.
Como diseñador de la vida, Dios sabe mejor que
nadie cómo funciona la vida. Sólo tiene sentido
vivir siguiendo sus pautas.

- Aunque seguir las instrucciones de Dios lleva al
mejor tipo de vida, ese tipo de vida no es necesariamente el más fácil. Hacer lo correcto puede
meternos en problemas aquí en la tierra. A fin de
cuentas, hay gente que ha muerto por obedecer a
Dios. Indique a sus hijos que el verdadero éxito en

esta vida es agradar a Dios; y puede que no veamos las recompensas hasta que estemos en el cielo.

Para sus hijos, entregar sus vidas a Dios significa estar de
acuerdo en que Él sabe lo que es mejor para ellos, y que Él tiene
un gran plan para sus vidas. Significa entregar sus sueños y am-
biciones al cuidado de Él (Proverbios 3:5-6).

## P: ¿Por qué tengo que obedecer a mis padres?

Uno de los Diez Mandamientos es honrar a los padres y madres;
y honrar incluye obediencia. Los niños necesitan sabe que obedecer no es opcional. De hecho, aprender a obedecerle a usted
es clave para aprender a obedecer a Dios.

- Muestre a sus hijos cuál es el aspecto de la obediencia. Cuando esté conduciendo, hágales ver la
  señal del límite de velocidad y cómo usted está
  obedeciendo la ley. Cuando lleve a su hijo a su
  lugar de trabajo, explique que usted está haciendo
  lo que Dios quiere cuando provee para su familia.
  Explique que usted también necesita obedecer.
  Usted obedece a Dios, a su jefe, y al gobierno
  porque obedecer es parte del plan de Dios.

- A medida que los niños van creciendo, necesitan
  confiar en que cuando usted les dice que hagan
  algo, tiene una buena razón para ello. Cuando
  sean capaces de entenderlo, dígales por qué
  tienen que hacer algo; no "porque yo lo digo",
  sino porque les hará estar saludables, les dará
  una habilidad que necesitarán, etc.

- Diga sí a sus hijos siempre que pueda. Diga no
  sólo cuando sea necesario, cuando el asunto
  tenga que ver con la seguridad o crecer en

carácter, por ejemplo. Esto refleja el corazón de Dios. Pídales que hagan cosas que sean razonables y por su propio bien, y esté preparado para darles las razones cuando tengan la edad para comprenderlo. Esto también refleja a Dios: todo lo que Él nos dice que hagamos es razonable y por nuestro propio bien. Este enfoque de la obediencia ayuda a los niños a darse cuenta a medida que crecen de que Dios no es arbitrario o un aguafiestas. Por el ejemplo de usted, ellos comenzarán a ver que la manera de Dios es la mejor manera.

- Aunque sea tentador tomar las decisiones de sus hijos por ellos, eso no los preparará para el futuro. Ellos tienen que aprender cómo distinguir entre lo bueno y lo malo por ellos mismos y cómo tomar buenas decisiones. Usted puede comenzar este proceso dándoles entornos "seguros" en los que escoger. Por ejemplo, déjeles decidir si asistir o no a cierta actividad en concreto de la iglesia, y luego discutan su decisión. Déjeles decidir si estudiar o no para un examen, y luego discutan el resultado. Para ayudarle a usted a determinar qué opciones son "seguras" para ellos, vea su nivel de madurez y vaya apuntándolo. Dígales que a medida que se vayan ganando su confianza, usted les dejará tomar cada vez más decisiones.

## P: ¿Por qué es difícil seguir a Jesús?

"¡Ser cristiano es demasiado difícil!" Si sus hijos se sienten así, apreciarán la verdad de que no tenemos que vivir la vida cristiana con nuestras propias fuerzas (Filipenses 1:6). Dígales que su parte es principalmente cooperar con lo que Dios quiere que hagan en sus vidas. Él está ahí, listo para ayudarles a ser más como su Hijo.

Indíqueles a los niños que, si han recibido a Jesús como su Salvador, Dios está con ellos continuamente por medio de su Espíritu que les enseña de su Palabra, les recuerda sus caminos y les da fuerza para tomar buenas decisiones cuando ellos se lo pidan. Dios está por ellos, animándolos, ayudándolos a crecer hacia el siguiente paso.

- Cuando los niños hagan lo malo y se sientan culpables por ello, puede que se pregunten si intentar seguir a Jesús es una causa perdida. Asegúreles que Dios nunca se sorprende de nuestros errores o pecados. Si ocurre algo, Él actúa para sacarlo a la luz con el fin de que seamos conscientes de ello y podamos arreglarlo. Dios está ahí cuando metemos la pata; la mejor persona con la que hablar es Dios mismo, para pedirle que nos perdone y nos ayude a obedecerle mejor.

- ¿Enseñar a sus hijos le parece una tarea abrumadora? Al igual que ellos no están solos, ¡usted tampoco! La responsabilidad de formar a sus hijos espiritualmente no recae solamente sobre sus hombros. Usted les enseña verdades acerca de Dios, modelando estas verdades lo mejor que pueda, y Dios hace que funcionen en los corazones y vidas de sus hijos. Es un proceso cooperativo. Recuerde que Dios ama a sus hijos y sabe exactamente cómo guiarlos.

- Puede que los niños estén confusos por saber qué cantidad de la vida cristiana recae sobre ellos y qué parte recae sobre Dios. Explique que Dios no lo hace todo, moviéndonos de acá para allá y hablando a través de nosotros como si fuéramos

muñecos en manos de un ventrílocuo. Dios se
parece más a un entrenador, listo para ayudarnos
a aprender cómo ser y qué hacer. Podemos escoger
cooperar con Él o no. Dios nos ayuda a amar, por
ejemplo, pero no lo hace por nosotros. Eso tiene
que venir de nuestro corazón.

## P: ¿Debo oír a Dios hablándome?

¿A quién están oyendo sus hijos? Probablemente escuchen muchos
consejos de usted, de sus amigos, de sus maestros, de pantallas y
reproductores de CD; ¿pero escuchan la voz de Dios?

Normalmente es una voz dulce y suave en vez de una voz
audible. Para oírla se necesita práctica, una disposición a obedecer y un distanciamiento de las distracciones; pero el Espíritu
de Dios quiere guiar a sus hijos a la verdad y recordarles las
enseñanzas de Jesús (Juan 14:26). Usted puede ayudar a sus
hijos a ser más sensibles a la guía de Él mientras les enseña a
escuchar su influencia en sus pensamientos al orar, leer la Biblia
y oír el consejo de otros cristianos.

- ¿Ha sentido alguna vez a Dios decirle algo a
  través de un evento, de algo que leyó, de un sermón que escuchó o de las palabras de un amigo?
  Si es así, cuente a sus hijos la historia. ¿Qué hizo
  usted con el "mensaje"? ¿Cuál fue el resultado?

- Anime a sus hijos a comenzar el día pidiendo a
  Dios que les guíe. Si esperan afrontar un problema
  en concreto ese día, es una buena idea pedir una
  dirección específica. Puede que Dios no les dé las
  soluciones al instante, pero pueden estar tranquilos
  de que Él les dará sabiduría cuando sea oportuno.

- Para ayudar a sus hijos a entender lo que significa
  "oír la voz de Dios", explique que Dios puede

comunicarse con nosotros como Él quiera. Como su Espíritu vive en los que le pertenecen, puede que a veces nos ayude a conocer cosas en nuestros corazones sin tener que escucharlo con nuestros oídos. Como nuestros propios pensamientos y sentimientos nos pueden confundir, puede ser de ayuda hablar con un cristiano más experimentado antes de actuar en base a las cosas que creemos que Dios nos ha "dicho". Un consejo a tener en cuenta: Dios no le dice a la gente cosas que no estén de acuerdo con lo que Él ya ha dicho en la Biblia. Si creemos que Dios nos está diciendo algo, deberíamos compararlo con su Palabra para asegurarnos de que no haya ninguna contradicción.

# TEMA 8
# LA ORACIÓN

**P** **¿Qué bien nos hace orar?**

Explique que, al igual que la cercanía entre usted y sus hijos crece a medida que pasan tiempo hablando, la cercanía con Dios crece a través de la oración, que es sencillamente hablar con Dios. Querrá usted mencionar que la oración tiene sus diferencias; por ejemplo, a menudo ayuda cerrar los ojos cuando lo hace, para concentrarse mejor; y las oraciones a menudo incluyen las palabras "en el nombre de Jesús" porque Jesús es Aquel cuyo sacrificio hizo posible que nos acercáramos a Dios.

Diga a sus hijos que Dios les oye y quiere ayudarles, igual que usted oye y quiere ayudar (Filipenses 4:6-7). Pero Dios es mucho mayor que usted, y Él sabe mejor cómo cuidar de ellos. Pueden hablar con Él de cualquier cosa; a Dios le encanta escucharles, como le ocurre a usted; y como estar cerca de Dios es muy importante, hablar con Él tiene que estar en la lista de cosas que hacer cada día.

Aquí tiene varias maneras de hacer de la oración una parte vital de la vida de sus hijos:

- Permita que sus hijos le oigan orar con toda la frecuencia posible. Además de las comidas y a la hora de acostarlos, intente orar en momentos "espontáneos": quizá mientras les lleva del auto a su cuarto al quedarse dormidos, o cuando encuentre una bella formación de nubes durante

**151**

un paseo. Al establecer usted el hábito, será más
probable que ellos lo adopten también.

- Siempre que sea posible, haga que la oración sea
fácil y agradable; ¡incluso divertida! Aunque la
risa incontrolable puede arruinar un tiempo de
oración, siéntase libre para orar por cosas divertidas que sucedieron durante el día; por ejemplo,
agradecer a Dios que usted pudo compartir un
chiste "gracioso" o que vio al perro persiguién-
dose el rabo.

- ¡Sea usted mismo! La oración no tiene que ser
formal o usar ciertas palabras. Cuando ore con
sus hijos, use las palabras y un lenguaje que sean
parte del vocabulario normal que ellos usan
cada día, y del de usted. Requerir un lenguaje
formal y extraño da a entender que Dios es "extraño" y no conocible, y que los niños deben
actuar en su presencia. Permita también que sus
oraciones reflejen sus sentimientos; si está emo-
cionado, por ejemplo, ¡demuéstrelo!

- Pruebe las "oraciones ping-pong": usted ora por
algo, y luego el niño lo hace, luego usted, y así.
O use las "oraciones de salida": después de que
usted y su hijo confeccionan una lista de cosas
por las que orar, usted da una pista de algo de
la lista con una o dos palabras y su hijo ora por
ello. Esta progresión mueve a los niños cómoda-
mente a hacer sus propias oraciones.

- ¿Cómo podemos hablar con alguien a quien no
podemos ver? Si sus hijos tienen dificultad con
esto, ayúdeles a entender estando de pie a su lado
y haciendo que cierren sus ojos. Quédese en silen-

cio por un momento, y luego pregunte: "¿Estaba aquí todavía cuando cerraron sus ojos? ¿Cómo lo saben?". Luego explique: "Es igual con Dios. Aunque no pueden verlo, sabrán en su corazón que Él está ahí. Saben que Él nunca se va porque la Biblia dice que siempre está con nosotros".

- ¡La variedad es la especia de la vida de oración! Aunque su tiempo principal de oración sea siempre a la hora de acostarse, evite orar por las mismas cosas o de la misma forma cada noche. Haga la oración de cada noche tan relevante para los acontecimientos del día como sea posible. Pida a sus hijos que oren a veces por las preocupaciones que usted tenga. Ajuste ocasionalmente la rutina de acostarse para que la oración no sea sólo otro paso más antes de "apagar la luz". Esto refuerza la verdad de que la oración está diseñada para ser algo significativo.

- Anime a sus hijos a ser ellos mismos con Dios. Hay una diferencia entre el respeto y la forma de respetar. El respeto tiene que ver con el corazón, y no con las palabras. Hablar con un tono y términos reverentes pueden sonar respetuoso, pero Dios ve el corazón. Él está mucho más interesado en una relación sincera que en una relación que suene piadosa.

- De vez en cuando, al final de un día sin incidentes, hable con sus hijos sobre las cosas no tan buenas que podían haber pasado ese día pero que no ocurrieron: enfermarse, caerse en el hielo, perder el dinero de camino a la escuela, un terremoto, etc. Den gracias a Dios juntos porque estas cosas no ocurrieron.

- Deje que los niños vean su propio agradecimiento y que usted atribuye sus bendiciones a Dios. A la hora de la comida, por ejemplo, dé gracias a Dios por algo más que la comida. Modelar gratitud y contentamiento con lo que tiene les da a sus hijos un ejemplo positivo a imitar.

- Es de ayuda hacer la oración misma el primer tema de una oración. Anime a sus hijos a comenzar dando gracias a Dios por oírles y pidiéndole que les ayude a orar como Él quiere. Este "encuentro para preparar el encuentro" prepara el corazón.

## P: ¿Por qué cosas debo orar?

Probablemente les diga a sus hijos por qué cosas pueden orar, especialmente si les cuesta tener nuevas ideas. Sin embargo, intente hacer una transición gradual hacia dejarles decidir sobre qué cosas contarle a Dios. Ayúdeles a hacer una lista haciendo preguntas o sugerencias. Finalmente, ellos podrán hacer su propia lista con un poco de ayuda. Este traspaso de responsabilidad les ayuda a ver que esa es su relación con Dios, y no la de usted.

- Los niños a menudo necesitan ayuda para pensar en temas que exponer a su Padre celestial. Usted puede ayudarles a salir de la rutina de "Dios, bendice a todos" compartiendo la siguiente lista con ellos:

  1. *Oraciones de agradecimiento.* Muestran aprecio por quién es Dios y lo que ha hecho.

  2. *Oraciones sobre el Reino de Dios.* Ore para que usted —y todos, en todo lugar— puedan hacer la voluntad de Dios. Pida que otras personas puedan conocer a Jesús y que la iglesia de Jesús crezca y se fortalezca para poder hacer su trabajo.

3. *Oraciones por los líderes.* Ore para que los líderes y los que están en autoridad (incluso los maestros y cuidadores) obedezcan a Dios.

4. *Peticiones personales.* Ore por sus propias necesidades y preocupaciones: por salud, protección, amistades, etc.

5. *Oraciones de crecimiento.* Confiese sus errores y pida perdón; ore para convertirse en un cristiano más fuerte.

6. *Oraciones por otros.* Pida a Dios que ayude a amigos, familiares y todo aquel que tenga necesidades.

7. *Oraciones de guía.* Ore para que Dios le guíe, le ayude a tomar las mejores decisiones.

8. *Oraciones de alabanza.* "Hurra" por Dios porque Él es su Creador, ¡y porque tiene poder para responder todas sus peticiones!

- A veces, los niños no saben cómo expresar sus temores, su tristeza o incluso el gozo en sus oraciones. Asegúreles que Dios puede ayudarlos a saber qué decir; y como Dios entiende lo que hay en sus corazones, Él sabe cómo se sienten aunque lo único que ellos puedan hacer sea suspirar o llorar.

- Después de orar, en lugar de apresurarse a dar los besos de buenas noches o alguna otra actividad, intente tener un corto periodo de quietud. Esto refuerza el hecho de que Dios está ahí y que necesitamos escuchar en caso de que Él quiera darnos sabiduría sobre cómo lidiar con un asunto por el que hemos orado. Evite dar a entender que los niños deberían esperar respuestas audibles, pero asegúreles que Dios responde a su manera y en su tiempo.

- Use las preguntas y frustraciones de sus hijos como una oportunidad de enseñarles cómo pedir la sabiduría de Dios (Santiago 1:5; 3:15-17). Si están enojados por no ser capaces de desmontar un juguete o de volverlo a montar, recuérdeles que Dios está dispuesto a ayudarles. Muéstreles cómo detenerse y estar quietos un momento mientras le piden a Dios sabiduría. Ayúdeles a pensar en su situación y ver cómo vienen las ideas. Si Dios parece estarles guiando a pedir ayuda a alguien, está bien. Dios nos provee sabiduría de muchas formas diferentes y según su horario.

## P: ¿Por qué Dios no responde mi oración?

¿Se preguntan sus hijos por qué no siempre reciben lo que piden en oración? Quizá quiera ofrecerles una explicación como la siguiente:

"Si a tu edad me preguntas: '¿Me prestas el auto?', recibirás automáticamente un no. Si me preguntas: '¿Puedo hacer mis deberes?', probablemente recibirás automáticamente un sí. Si me preguntas: '¿Puedo jugar con mi amigo?', la respuesta dependerá de lo que sea más oportuno en ese momento.

"La oración es igual. Algunas oraciones reciben automáticamente un no. Por ejemplo, Saulo (Pablo) quería la ayuda de Dios para perseguir a los seguidores de Jesús. La respuesta fue no. Las oraciones para poder robar o ayudar a vengarse de alguien recibirán un no porque Dios no nos ayudará a hacer algo malo.

"Otras oraciones reciben automáticamente un sí. Por ejemplo, una oración pidiendo perdón, para entender la Biblia, para ser más como Jesús, para encontrar la forma de ayudar a otro, valor para hablar de Jesús: todas esas reciben un sí. ¡A fin de cuentas, Dios nos dice que oremos por esas cosas!

"Luego están las oraciones que son menos claras, aquellas

sobre las que la Biblia no es muy específica. Estas pueden recibir un sí, un no o un 'espera'. Por ejemplo, podrían orar: 'Ayúdame a formar el equipo', o: 'Por favor, que me regalen una bici para mi cumpleaños', o: 'Por favor, que Jenny quiera ser mi amiga'. Lo mejor que podemos hacer cuando oramos por esas cosas es pedir a Dios que las responda de la forma que más le agrade. Eso es lo que quiere decir la gente cuando oran pidiendo la voluntad de Dios. Luego, cualquiera que sea la respuesta, sabrán que es lo mejor para ustedes.

"A veces Dios dice que no a una petición porque le estamos desobedeciendo, o luchando, o no perdonando. Es posible que ponga nuestra petición 'en espera' hasta que tratemos ese asunto. En cualquier caso, Dios oye cada oración que hacemos y responde según lo mejor para nosotros".

Estas son algunas formas más de manejar la pregunta sobre las oraciones aparentemente no contestadas:

- Como ellos piensan en términos concretos, los niños no siempre ven la conexión entre sus oraciones y las respuestas de Dios. Ni tampoco ven siempre el enlace entre Dios y las cosas maravillosas que ellos tienen. Anime a sus hijos a hacer una lista de sus 10 cosas favoritas; señale que esos son regalos de Dios. Si tiene una lista de oración, ayude a sus hijos a llevar un registro de las respuestas de Dios.

- Su mejor amigo se va; se muere una mascota muy querida; un gamberro se adueña del parque. Sus hijos han orado por esas cosas, pero Dios no les ha concedido sus peticiones. ¿Cómo puede ayudarles a tratar la decepción? Lléveles de nuevo al hecho del amor de Dios. Dios se preocupa por sus sentimientos, pero también sabe qué es lo mejor. Él quiere que nosotros sigamos orando y no nos rindamos. El tiempo está en sus manos, al igual que las respuestas. Quizá no nos gusten o no entendamos, pero la pura verdad es que Dios quiere que nuestra fe se fortalezca y este enfocada en las cosas correctas —su amor y cuidado— y no en conseguir lo que queramos o en tener una vida libre de incidentes. Pueden comenzar este proceso juntos, empezando con su ejemplo según va aprendiendo a aceptar lo que Dios envía y permite (Romanos 5:3-5).

- Intente lo siguiente un día en la comida. Saque una comida patética, quizá un par de galletas saladas en un plato. Diga: "Voy a dejarles que decidan. Pueden comerse esto ahora, o pueden esperar 20 minutos. Si esperan, tengo algo mejor planeado, pero no les diré lo que es". Deje que los niños decidan si esperan o no. Para los que esperen, sírvales su comida favorita 20 minutos más tarde. Use esto como una lección para reforzar la verdad de que a veces Dios nos hace esperar porque tiene algo mucho mejor planeado.

- Mientras aprende a confiar en Dios durante las pruebas, sea honesto con Él y con sus hijos. Muéstreles en los Salmos cómo David iba y venía entre la frustración y la alabanza, refuerce la idea de que es válido expresar a Dios sus verdaderos sentimientos. También es importante volver a confiar en Dios, como lo hizo David.

- Pida a sus hijos que enumeren toda la comida basura que creen que podrían comer en un día. Luego pregúnteles si realmente sería una buena idea. Explique que, aunque comer mucha comida basura podría hacerles sentir bien, les haría daño a largo plazo. De la misma forma, Dios sabe que algunas de nuestras peticiones podrían hacernos felices por un tiempo pero terminarían hiriéndonos. Asegure a sus hijos que Dios se preocupa de cómo se sienten, pero que también conoce el cuadro general.

• Si se ha decepcionado por alguna oración que aparentemente no ha sido contestada, podría resultarle difícil asegurar a sus hijos que Dios puede hacer cualquier cosa. Quizá sienta que les está preparando para una postrera decepción. Diga a sus hijos que usted está aprendiendo a confiar en Dios. Acuda a la Biblia con ellos y lean versículos sobre la actitud de Dios hacia nuestras peticiones (Juan 15:7; Romanos 8:26). Discutan sus sentimientos con un pastor o un amigo cristiano maduro si lo prefiere.

# TEMA 9
# LA IGLESIA

**P**: **¿Por qué tengo que ir a la iglesia?**

La iglesia es una idea de Dios, ¡y con una buena razón! Está concebida para que sea parte del sistema de aprendizaje y apoyo de cada cristiano (Hebreos 10:24-25).

Puede animar a sus hijos a ser una parte activa y entusiasta del Cuerpo, convirtiendo las siguientes actividades en rutina:

- Para mostrar a sus hijos que la iglesia es vital, involúcrelos en ella lo antes posible. Llévelos a la escuela dominical, y asegúrese de que estén cómodos y seguros. Si a sus hijos les cuesta quedarse cuando usted se va, quédese y ayude si puede las dos primeras veces. Ayúdelos a disfrutar estando ahí para que obtengan una visión positiva de la iglesia. En cuanto sus hijos puedan entenderlo, dígales por qué va usted a la iglesia: para aprender sobre Dios, para celebrar su grandeza y para estar con otras personas que también le aman.

- Involúcrese en lo que sus hijos estén haciendo en la iglesia. Siéntese en alguna de sus clases, ayudando si puede. Compruebe que estén aprendiendo lecciones básicas sobre Jesús por medio de canciones, historias y juegos. Anímelos a participar en manualidades, juegos y canciones de acción y a responder preguntas cuando puedan.

Intente juntarles con amigos de la iglesia para que jueguen, para enviarles el mensaje de que es importante y divertido pasar tiempo con amigos cristianos.

- Independientemente de si su iglesia se reúne los domingos por la mañana o en otro momento, intente hacer de esa parte de la semana algo especial. Cree recuerdos afectivos para que los niños los asocien con el tiempo de la iglesia: un desayuno favorito, un pequeño examen en el auto, un picnic. Planifique con tiempo para evitar las prisas de última hora. Hable con entusiasmo sobre lo que harán en la iglesia, y después discutan de forma positiva lo que aprendieron.

- Usted no puede escoger los amigos de sus hijos; a fin de cuentas, quizá ellos no congenien con el mismo tipo de personalidades con los que usted lo hace, pero puede escoger el entorno de donde ellos tomarán sus amigos. Facilite que pasen tiempo con niños cristianos. Llévelos a actividades en la iglesia, invite a casa a niños cristianos y anime a que regresen.

- Explique que la iglesia es la gente. Es una comunidad de cristianos que se reúnen para aprender de Dios, animarse unos a otros, crecer y adorar. Dios sabía que usted y sus hijos no podrían seguirle solos, así que les dio la Iglesia. Jesús es la cabeza de la Iglesia, es su "novia", y eso significa que Él es responsable de ella. Él ama a su Iglesia y la cuida para asegurarse de que beneficia a sus hijos, incluyendo a los de usted.

- Para ayudar a sus hijos a ver cómo la iglesia está relacionada con sus vidas en general, mencione la iglesia durante la semana. Por ejemplo, recuerde algo que escuchó durante el sermón y explique cómo podría ayudarle a resolver un problema que tiene. Júntense con otra familia de la iglesia, oren juntos por las necesidades que hay en el boletín de la iglesia, haga una reunión familiar para decidir cuánto donarán para una ofrenda especial y cómo cada miembro de la familia podría involucrarse.

- Evite simplemente ir a la iglesia y salir lo antes posible. Quédese por allí para hablar con otros adultos y para buscar a los niños en sus clases. Use este tiempo para establecer conexiones para usted y para sus hijos. Encontrar amigos en la iglesia es clave para sentirse parte de ella. A medida que sus hijos vayan conociendo a otros en la iglesia, sentirán un deseo cada vez mayor de pertenencia y el deseo de querer estar allí.

- De camino a la iglesia, oren juntos como familia para que Dios les ayude a aprender sobre Él y a desarrollar relaciones en las que puedan tanto dar como recibir apoyo. De vuelta a casa, discutan lo que aprendieron. En vez de simplemente preguntar: "¿Qué hicieron en la escuela dominical?", intente ser más específico. Pregunte si sus hijos se divirtieron, qué canciones cantaron, si aprendieron algo sorprendente, cuál fue la historia bíblica y cómo la lección les podría ayudar durante la siguiente semana.

- Para ayudar a los niños más mayores a entender cómo funciona la adoración, hábleles del "bucle de la adoración": la adoración es como un bucle, un círculo. Comienza con Dios. Aprendemos sobre Dios y nos damos cuenta de que podemos confiar en Él: Él cumple sus promesas, lo sabe todo, lo puede todo, está en todo lugar y siempre nos ama. Esto nos hace alabarle y darle gracias, y confiarle más áreas de nuestras vidas. Cuando dejamos que Él se ocupe de más áreas de nuestras vidas, Él nos cambia, haciéndonos más como Jesús. Cuando eso ocurre, nuestra alabanza sale de más adentro. Nos juntamos con otros y les decimos lo maravilloso que es Dios. Esto ayuda a que nuestra confianza en Él sea aún más fuerte, lo que desemboca en que le adoremos más, y así sigue; nos acercamos más a Dios y le adoramos más, lo cual nos acerca aún más a Él.

- Cuando sus hijos se unan a usted en el servicio de alabanza de adultos, intente enfatizar la actitud por encima de la conformidad externa. Por ejemplo, si su iglesia tiene un servicio de alabanza largo, los niños puede que no sean capaces de concentrarse y participar todo el tiempo. Si su concentración disminuye, sugiera que le pidan ayuda a Dios para concentrarse; luego se pueden sentar y esperar, sin distraer a otros. Es mucho mejor para ellos adorar en su corazón durante cinco minutos que hacer todos los movimientos durante una hora. Además, anímelos a adorar con las canciones que sean significativas para ellos. Si algunas letras no las entienden, diga a los niños que se pueden sentar o estar de pie callados durante esas canciones y hablar a Dios en sus corazones. Después del servicio, explique las letras para que los niños puedan unirse la próxima vez.

- Señale que sus hijos no son la iglesia del mañana, ¡sino la iglesia de hoy! Puede ayudarlos a ver su iglesia como suya y a encontrar un lugar donde involucrarse. Los niños no tienen que esperar a ser adultos para poder ayudar al pastor y a otros líderes, o para dar su tiempo, dinero y energías a la obra de Dios.

- Si a sus hijos les cuesta adaptarse, hable con el maestro de la escuela dominical o la persona a cargo del ministerio de niños de su iglesia. Pregunte si hay oportunidades en el programa de niños de la iglesia para conocerse entre ellos, quizá en un programa de clubs, un campamento de verano, o un proyecto de servicio. Conozca a los padres en su iglesia cuyos niños estén en el rango de edad de su hijo, e invite a esas familias a comer o a cualquier otra actividad.

- ¿Está usted entusiasmado con la iglesia? ¿Tiene un sentimiento de pertenencia? Es probable que sus hijos puedan decir si ama el trabajo de la iglesia, o es simplemente trabajo. Esperar que ellos se entusiasmen con algo que a usted le deja frío no es realista. Si este su caso, dé usted mismo los mismos pasos que haría que dieran sus hijos. Encuentre un lugar donde servir que vaya con sus dones y pasiones. Únase a una célula que contenga posibles amigos para usted. A medida que vaya adquiriendo una sensación de pertenencia, es más probable que sus hijos crean que lo mismo puede ocurrirles a ellos.

# P: ¿Por qué debo poner dinero en la ofrenda?

Dios lo posee absolutamente todo (Salmos 24:1). ¡Él lo creó todo! Pero se lo da a usted y a sus hijos para usarlo y administrarlo para Él. Esa es la tarea de un administrador.

Cuando les diga a sus hijos que todo lo que tienen le pertenece a Dios y que ellos son solamente administradores, sea específico: juguetes, ropa, juegos, videos, libros, dinero, el mundo natural que les rodea. Ellos son también administradores de sus habilidades, tiempo, energía, mentes, corazones, relación con Dios y con la gente, y esperanzas para el futuro. Todo eso son regalos de Dios. ¿Cómo deberían ellos usar esos regalos? De la manera que Dios les ha mostrado a través de su ejemplo: de forma generosa, desinteresada y sabia.

¿Cómo puede usted cultivar una actitud de dar en sus hijos? Pruebe estas ideas:

- Puede que los niños se resistan a compartir si están preocupados por si no quedará suficiente para ellos. Explique que cuando obedecen a Dios al compartir, no tienen que preocuparse por quedarse sin nada. La tarea de Dios es cuidar de ellos. Su fe y confianza en el cuidado de Él se demuestra a través de su disponibilidad a devolverle a Dios  y a ayudar a otros.

- ¿Está comenzando a darle a sus hijos una paga? Si es así, es un buen momento para enseñarles por qué usted da a la iglesia. Explique que usted le devuelve parte de su dinero a Dios como agradecimiento por todas las cosas maravillosas que Él le ha dado. Dar a la iglesia es también una forma de mostrar a Dios que confía en que Él suplirá todas sus necesidades; y ayuda a realizar la obra de Dios.

- La mayoría de los niños más mayores pueden entender fácilmente lo que significa ser "administradores" de la creación de Dios: cuidar del entorno, no malgastar el agua u otros recursos, mantener el mundo limpio no tirando basura a la calle, etc. Explique que eso se aplica también a todas las cosas que Dios nos ha dado.

- Enseñar a los niños a ser buenos administradores les enseña también otras verdades espirituales. Por ejemplo, diezmar les enseña a ser agradecidos por el cuidado de Dios y a valorar la iglesia de Dios y la comunidad cristiana. Dar a las misiones les enseña su responsabilidad de alcanzar a los que no conocen a Jesús.

**P: ¿Cómo es posible que las iglesias no estén todas de acuerdo?**

Dios deja que su pueblo le sirva y exprese su adoración a Él de formas diferentes. Sus hijos encontrarán desacuerdos entre las iglesias, y puede que se pregunten por qué. Usted puede ayudarles a aclarar la confusión y guiar a sus hijos a apreciar la libertad que Dios nos da para honrarlo (ver Efesios 4:3-6).

Estas son algunas formas de hacerlo:

- Los cristianos generalmente están de acuerdo en las doctrinas básicas del credo de los apóstoles. Si su hijo es lo suficientemente mayor, comparta esta declaración de fe con él o ella y hablen al respecto.

### Credo de los apóstoles
"Creo en Dios, Padre todopoderoso, Creador del cielo y la tierra. Creo en Jesucristo, su único Hijo, nuestro Señor, quien fue concebido por obra del Espíritu Santo, nacido de la virgen María; sufrió bajo el poder

de Poncio Pilato; fue crucificado, muerto y sepultado; descendió al infierno; al tercer día resucitó de entre los muertos; ascendió al cielo, y se sentó a la derecha de Dios Padre. Vendrá a juzgar a los vivos y a los muertos. Creo en el Espíritu Santo, la santa Iglesia Universal, la comunión de los santos, el perdón de los pecados, la resurrección del cuerpo y la vida eterna."

- Usted puede ayudar a sus hijos a distinguir lo esencial de la fe cristiana de la forma en que los cristianos expresan y celebran esa fe. Explique que Dios creó a la gente con una gran variedad de personalidades y gustos. Naturalmente, esto se manifiesta en cómo los cristianos le sirven y le adoran. Algunas iglesias enfatizan ciertas partes de la vida cristiana: compartir la fe, estudiar la Biblia, ayudar a los pobres, etc. Las iglesias también tienden a enfatizar ciertas formas de adoración, basadas en tradiciones y preferencias: escoger un tipo de música en vez de otro, vestir de cierta forma, moverse o no moverse para mostrar sus sentimientos, etc.

- Intente hacer una excursión familiar a una iglesia diferente a la suya, para que sus hijos puedan experimentar otra forma de adorar. Luego pregunte: "¿De qué forma las cosas que hicieron son expresiones de su amor por Dios? ¿En qué es parecida esta iglesia a la nuestra?".

- Es importante enfocarse en las cosas que los cristianos tienen en común, pero siéntase libre de enseñar también a sus hijos sobre las cosas que hacen que su iglesia sea única, para que puedan participar totalmente en su servicio de alabanza y en el resto del programa de su iglesia.

# NOTAS

**Parte I**

1. Estadísticas atribuidas a Nazarene Church Growth Research e International Bible Society, citadas en http://home.snu.edu/-HCULBERT/ages.htm.

2. "Evangelism Is Most Effective Among Kids", 11 de octubre de 2004, encontrado en www.barna.org.

3. De la página Web "Walk Away" patrocinada por Institute for First Amendment Studies (gemini.berkshire.net/~ifas/wa/stories.html).

4. National Aeronautics y Space Administration, encontrada en http://www.nasa.gov/returntoflight/launch/countdown101.html, p. 3.

5. Craig y Janet Parshall, *Traveling a Pilgrim's Path* (Wheaton, Ill.: Focus on the Family/Tyndale House Publishers, 2003), p. 11.

6. Ibíd., p. 12.

7. Mindy Stoms, "Making It Personal: Jesus Loves Me!" 13 de julio de 2007. Encontrado en TodaysChildrensMinistry.com, p. 1.

8. Ibíd., p. 2.

9. *Parent's Guide to the Spiritual Growth of Children,* John Trent, Rick Osborne, y Kurt Bruner, eds. (Wheaton, Ill.: Focus on the Family/Tyndale House Publishers, w000), pp. 301-302.

**Parte III**

1. Adaptado de Rick Osborne, K. Christie Bowler, y John Duckworth, *Parents' Guide to the Spiritual Growth of Children* (Wheaton, Ill.: Focus on the Family/Tyndale House Publishers, 2000), pp. 277-384.

**Nota:** La lista de páginas web no constituye el respaldo o acuerdo por parte de Enfoque a la Familia con la información o recursos ofrecidos en o a través de estos sitios.